林準祥　編著
Otto C. C. Lam

Early Sketches of Chinese in Hong Kong

香港開港 民生百態

中華書局

序

中國廣州的外銷畫，歷經 230 多年，現存的畫作已經成為世界各地博物館和藏家的珍品。其中最早的紀錄，是藏於英國維多利亞和愛爾拔博物館（Victoria and Albert Museum）1790 年的人物外銷畫像。相信在廣州一口通商後，很快便出現了為西方商人繪製的外銷畫，其中人物和景象的畫風，已經出現了西洋立體、彩色和透視的寫畫風格，亦採用了西方的顏料和油畫色彩。其中不少作品是以中國水墨勾劃線條，再加上水彩顏色。當年的外銷畫主要分為三類：一、仿照西洋畫風的油畫，其中有人物肖像畫、建築物、船隻和商埠景色畫；二、花草、雀鳥、飛蟲的彩色繪圖；三、華人生活和民生的線條畫，當中有加彩色的，也有純墨色線條的。這些畫作，完全是迎合十九世紀期間，來華西方商旅和訪客眼中的中國人表現。由於這些本土畫家的繪畫技巧，都是源於西洋畫家的傳授，一般以寫實的景象和人物作為賣點，故畫作的風格，均是受到西方市場普遍接受和得到發展。由於廣州本土畫家缺乏創意，作品普遍以真實臨摹形式繪製，由畫師本人繪畫，學生臨摹抄作，並沒有出現創作的題材，更沒有抽象畫或是與現實形像脫離的畫作，故此這些存世不多的外銷畫，是最能反映當年的景物、人物和民間活動的真實寫照。

編者多年來珍藏了幾本外銷畫冊，均是清朝時期當代華人畫師和英國畫家喬治・錢納利（George Chinnery）的珍本。其中的一本外銷畫圖冊，是以真絲錦緞裝潢，內以高級厚宣紙作畫。這本圖冊和其他同類廣州外銷畫冊的分別，是它的內頁寫上了當年購買者的名字、購買時期、地點和購入的價錢。這方面的資料，印證了香港開埠不久的 1850 年，已有來自廣州的外銷畫家在香港開設畫室，提供香港民生活動的人物圖冊。這部圖冊最早的一手購買者，正是 1850 年代初駐守香港的英國陸軍高級軍官。至於畫冊出處，是當年在香港島開設最早外銷畫工作室「林呱」的代表畫作。圖像中的人物內容，雖然均源自廣州畫室繪畫的題材和畫風，但圖冊選擇展現人物的職業和活動，特別挑選香港華人各種各樣的民生，其中的「打石」工這種獨特的工種，在中國廣東其他地區，並沒有得到重要的發展，反而香港島的筲箕灣、鰂魚涌等地區，正是花崗岩石礦蘊藏豐富的地區，香港島早於康熙年間，已記錄有客家人在此等地區從事打石的工業，而這種行業的工作人數，更高達千多人以上。可見這本圖冊繪畫的 120 幅人物和職業，正是為香港本土特別訂製和繪畫的。繪畫的各種人物，亦反映在香港開埠九年後，華人民生活動的實景。圖冊內容極之豐富，繪畫線條幼細，筆觸清晰，兼顧面形和面部表情的細節，栩栩如生。從多幅人物繪圖看，在港島生活的華人，並不限於來自廣東地區，也有來自北方外省人物的服飾和形象，而最重要是繪圖反映和補充了香港島開埠初期華人的生活，以及各樣的民生影像。

本圖冊除了刊出林呱畫室 120 張香港華工民生作業的圖像外，亦增加其他華人畫家的外銷作品：庭呱 Tingqua（關聯昌）的學生何如以於 1844 年冬季（甲辰年孟冬）在廣州或香港畫室繪畫的外銷畫冊，圖冊中出現了華人心目中「升官發財」過程的 12 幅畫像；24 幅清代皇帝、高官和夫人服飾圖；12 幅仕女作業圖；8 幅吸食鴉片圖；12 幅棉紡織工業製作圖；12 幅仕女中樂幅；12 幅中式木造各種傢具工藝圖；12 幅僧侶圖；16 幅華人活動等等；其中最特別是木造工藝，正是香港開埠後得到充分發展的手工業，早在 1846 年香港政府統計港島維多利亞城區華人商業活動中，已記錄有 11 家傢具製造商店、19 家木匠店；連同木雕刻工匠舖，合共 31 家有關木工店舖。這些店舖主要是集中於華人聚居的太平山區和其他為洋人服務的市場（barzaar）區域，也是當年香港最多華人從事的業務。另外，本圖冊亦加入晚清北京外銷著名畫家周培春 1894 年（光緒二十年十月廿二日）繪 24 幅圖文並茂的「中國刑罰」彩圖。本圖冊合共收錄 264 幅華人圖像，內容極之豐富。

重刊這些 1844 年、1850 年及 1894 年的外銷畫，除了給讀者們能夠察看到香港開埠不久，華人不同職業和民生活動的真實影像外，亦為香港早期歷史保存和延續了重要的圖像記錄。在這二十一世紀科網人工智能的年代，圖像視覺更加受到重視，利用舊影像作人工智能技術變化的新影像，亦在急速發展，舊圖像的重要性和影響力，比較文字的記錄，絕不遜色。

著者
2024 年 11 月 21 日
草於快活谷

目錄

引言

外銷畫家在西方「中國熱」的風潮之下，繪製了許多中國風俗、景物、人物肖像的作品。早在1848年的中國商業出口關稅列表項目中，外銷畫，特別是大型的油畫，已名列於61項中國出口貨品項目之一。[1] 當年在廣州從事製作生產外銷畫的人數，根據記錄曾高達二三千人。在廣州十三行那狹窄的空間，租金昂貴，不少這種繪畫室開設於二樓，每家最少八至十人，日夜不停地進行繪畫工作。[2] 由此可見，外銷畫的重要性，不只限於歷史藝術的展現，更是當年賺取外國資金的出口產業。

這些畫作雖然定性為外銷商業作品，但負責繪畫的華人畫師，主要源自廣州，其後發展到香港和澳門，他們招收學員，在當地建立畫室，方便招攬洋人客戶。他們的畫風承襲了西方來華的畫家，如錢納利（George Chinnery）。本土外銷畫家以不熟悉的畫風、畫法、顏料，按照西洋畫的式樣作畫，企圖表現西方技法中的透視、三維空間、光線與陰影，以迎合具消費力的西方商旅的品味。但大多數土本外銷畫家均無法徹底掌握西洋畫的畫法，以致他們的作品中，融入了某種中西合併的特殊風格。

至於華人外銷畫家作業的情況，可從當年在廣州生活的西方旅客的記錄中，略窺一二。根據早期廣州的西文記述，當洋商被限制在廣州活動的時候，著名的外銷畫家「林呱」（Lamqua）習慣在業

1　參閱 *Chinese Commercial Guide*, 3rd Edition, Canton: The Chinese Repository, 1848, Section 8, Chinese names of the Articles in the tariff, Exports, item 39：畫工，大油漆畫，頁 190。

2　參閱 Samuel Wells Williams, *Middle Kingdom* (London: Kegan Paul, 1848. vol. II), p. 175; C. Toogood Downing, *The Fan-Qui in China 1836-7*. London: Henry Colburn, 1838. vol. 2, p. 91。

圖 i

務活躍的夏季繪畫西洋畫，而冬季則改繪中國畫。[3] 從描述內容中得知，外銷畫家為了維持生計，在外銷畫淡季的時候，便改繪中國水墨畫出售。從另一個角度看，廣州的外銷畫家，是同時具備中西式兩種繪畫的技法。但到目前為止，尚未看到有外銷畫家署名的中國水墨畫出現，故這方面的信息，仍未有實物作確定。

外銷畫家在創作上缺乏自主性，畫風和畫工完全是迎合洋人市場的需要。這也可能是商業出口畫一貫的作風：哪個畫家的畫作受到歡迎，便一窩蜂成為仿製的對象。如外銷畫中，不難找到模仿西洋畫家史貝霖（Spoilum）的肖像畫作。除此之外，其他模仿對象包括喬治．錢納利。從早期來華西方攝影師約翰．湯姆遜（John Thomson）於 1868 年在廣州拍攝「庭呱畫室」（School of Tingqua）的影像（圖 i），照片看見外銷畫師在畫室繪畫的情景，相信照片中的畫師，正是庭呱（關聯昌）本人或是他重要的學生。照片上方的成品畫作，是仕女、中國帆船和肖像，畫師正在繪畫的，是多個人物和背後的西方男士肖像。可見庭呱畫室當時主要的業務是繪畫人物和肖像。

早期外銷畫師繪畫人物和肖像，正是主要的收入來源。在 1835 年廣州最早的英文刊物《廣東紀錄報》（*Canton Register*）內，找到外銷畫家林呱[4] 刊登以下的文字告白：「我們可以向讀者們保證，如果他們希望活下去——即使不是永遠地活下去，我的快樂顧客，在他生命周期運轉中，他們不能做得更好的事情——或者是在毫無疑問的情況下，為紀念他們的母親、姐妹、至愛的淑女，甚至他們最好的朋友、妻子，或者是自己甜美的面容，留下美好的回憶，那麼決定由林呱繪畫一張稀有的畫作，他的收費是 15 元（墨西哥銀元）。」[5] 以當年的價值來衡量，以 15 元墨西哥銀元訂購畫一張彩色人像油畫，是非常高的價錢。故繪畫售賣的對象，限於在廣州夷館內的西方夷商、十三行內的華人行商和他們的家眷，也是當年在中國境內最富裕的一眾商人群體，他們全部聚居於一口通商的廣州夷館和十三行。估計當年除了西洋畫家外，林呱相信是在廣州成名最早的華人畫師。

3　參閱 C. Toogood Downing, *The Fan-Qui in China 1836-7*, Chapter IV, pp. 88-89。

4　「林呱」的名稱是源於西方人士的稱號 Lamqua。而這個稱號的「呱 qua」，是廣東的譯音。其實在西方人士眼中，qua 是「官」尊敬的稱號。能夠作畫都是文人，所以他們都以本人的名字再加上一個 qua「官」的稱號。廣州十三行年代的時候，所有行商的稱呼，就是 qua「官」，正如最著名義和行的伍紹榮，亦即是伍浩官，便稱為 Howqua。其他如廣利行的盧繼光，被稱為盧茂官 Mowqua；同孚行的潘紹光，即潘正威，稱呼為潘正官 Ponkhequa；天寶行的梁丞禧，即是梁經官 Kingqua 等等。所以第一位廣東華人外銷畫師關作霖的正確稱呼 Lamqua 應該是「霖官」，一個受尊敬的名稱，但香港早期洋涇浜口語譯音的情況下，變形成了「林呱」，以後的畫師名稱，全都是「呱」，而不是「官」。

5　參閱 *Canton Register*, Vol. 8, Tuesday, Dec. 8th, 1835, No.49，引自 Carl Crossman, "Chapter 3: Lam Qua – 'Hamsome Face-painter'", *The Decorative Arts of the China Trade*. Suffolk: Antique Collectors' Club, 1991, p. 82。

圖 ii

庭呱廣州畫室，約繪於 1840 年，插圖源於美國洛杉磯 The Kelton Foundation，由 Jeffrey W. Cody 著 Brush & Shutter: Early Photography in China, 2011, p.121 轉載。

至於著名的外銷畫畫家林呱，他是第一位來香港開設外銷畫室的華人畫家，相信本圖冊的出處，也是林呱在香港工作室的作品。林呱 Lamqua（關作霖或名「關喬」），祖籍廣州，他曾在澳門住了一段時間。在那裏，他跟隨英國名畫家喬治·錢納利學習西洋油畫，並於 1835 年前回到廣州，在十三行內的同文街十六號，開了一所人像畫室，生意十分好，夷商、行商和廣州官員都是他的客戶。早於 1846 年，發現他已在香港皇后大道中設立畫室，而他的胞弟關聯昌，即是著名的庭呱 Tingqua，亦於 1840 年至 1870 年間在廣州及香港設立畫室（見圖 ii）。緊隨着林呱和庭呱在香港發展外銷畫業務的，還有新呱 Sunqua 和煜呱 Youqua。到了 1854 年，香港島已經記錄了有七間寫畫店。[6]

林呱雖然拜師於錢納利，但他很快便自立門戶，在業務上，他成為師傅的最大對手；林呱除了利用廣州早期的西文期刊，刊登告白推銷他的業務外，更直接向洋人圈子招徠生意。曾有記錄他向洋人指出：「我跟我的老師錢納利畫得一樣好，有時甚至比他更好，而我的收費則比他便宜。」[7] 事實上，一些洋人參觀過林呱的畫室後，亦感受到林呱在外銷畫上已經是鋒芒畢露：「我的朋友帶我到林呱的工作坊。林呱，偉大的畫家，是中國南方的米勒或奧南（Millais or Ouless），他具有相當敏銳的商業眼光，且十分期望能獲取為他人作畫的酬勞。他能為我提供英式畫風（指良好的繪圖技法與透視法），或者中式畫風（指缺乏繪圖技法與比例）。中式畫風索價 8 英鎊，英式則索價 10 英鎊，兩種繪畫風格他皆能製作……。」[8] 從這段西方記錄看，林呱收費除了比老師錢納利便宜外，他積極進取，業務擴展到香港和澳門，在那裏開枝散葉，建立自己的繪畫室，培養大量的學徒畫師，大型畫作已是流水分工作業，每個畫師專門繪畫他們熟悉的景象和工藝，大大增強林呱工作室的產量。

至於林呱畫室的實際情形如下：「林呱在他的房舍的最高層，正是他的住所，因此你將在最頂的樓層找到他，並看到他的所有工具。……一個木造樓梯引導着你到達二樓的工作室。在那裏，你看見八至十個中國人，捲起袖子地工作，他們的辮子盤於腦後，以便從事良好的、精細的工作。……林呱帶我們到外面的房間，這是工作間。……這裏認真地實行勞動分工，一位畫工專門畫樹，另一位專門畫人物，一位畫手和腳；另一位畫房屋。這樣他們在各自的領域裏都能出色地完成繪製，尤其是細節描繪，但他們之中，無人能獨力創作一幅完整的畫。」[9] 作為藝術商品的外銷畫，是因應市場的需求，從而有效益地生產，故成品缺乏原創性的繪製，外銷畫家們是採用流水作業分工的方式，使畫作能快速和大量生產，也開創了中國繪畫工業化的先河。

林呱在廣州、香港和澳門的繪畫業務快速地發展，不難想像在華的西洋畫家如錢納利，他的畫店

6　見《遐邇貫珍》1855 年第 5 號，1854 年 12 月香港戶籍統計，第七頁下，第三行。

7　林呱與美國傳教士的女兒蘇珊・京（Susan King）的對話。參閱李士風：《晚清華洋錄：美國傳教士、滿大人和李家的故事》，上海：上海人民出版社，2004，頁 37。

8　參閱 William Fan de Salis, *Reminiscences of Travels in China and India in 1848.* London: Waterlow & Sons, 1892, p. 12，轉引自 Carl Crossman, *The Decorative Arts of the China Trade,* Suffolk: Antique Collectors' Club, 1991, p. 89。

9　參閱 C. Toogood Downing, *The Fan-Qui in China 1836-7,* p. 91；A.T.E. Gardner, "Cantonese Chinnerys: Portraits of How-qua and Other China Trade Paintings", The Art Quarterly, Vol. XVI (1953), p. 317-318; Carl Crossman, *The China Trade,* Princeton: The Pyne Press, 1973, p. 117.

圖 iii 和 iv

圖冊中，蓋上了駐香港的英軍第 59 步兵團（第二諾定咸舍兵步團，2nd Nottinghamshire Regiment of Foot）的徽章，以及番麥士打（A. E. Burmester）上尉親筆簽名購買畫冊的記錄。

生意是受到嚴重影響。根據一位 1845 年來華的法國旅行家記載：「錢納利，他的才華遠勝於林呱，他的肖像畫收費為 50 至 100 枚葡萄牙皮埃斯塔幣；而林呱繪製同樣一幅肖像畫，只需要 15 至 20 枚皮埃斯特幣。由於林呱收費便宜，故一般人時常光顧林呱的畫室，因此引起了〔錢納利〕的敵意。」[10] 基於上述的記載，我們得知價格的高低，往往左右着顧客的消費意願和取向，而熟悉洋人喜好的林呱，當出現了其他華人畫師競爭的時候，他能彈性處理不同外銷畫的成本和售價，形成本地華人畫師割價競爭的情況。故此不難發現存世的外銷畫，大多是這些華人外銷畫師和他們學員的作品。這些外銷畫作品很多時候都是為顧客們特定訂製，故此了解客人的需求和如何處理，是業務成功的重要因素。至於林呱的銷售手法，他為了迎合顧客的喜好，提供了不同式樣的繪畫風格，供顧客自由選擇。當顧客能夠依着自己的喜好，去選擇想要的畫作時，這樣與其他畫店只能提供某一種特定畫風作品比較，林呱畫室更顯出他獨特的競爭優勢。

考究這本購於 1850 年 10 月 21 日香港的人物畫冊，購買者是當年駐香港的英軍第 59 兵團（第二諾定咸舍兵步團，2nd Nottinghamshire Regiment of Foot）的上尉（captain）番麥士打（A. E. Burmester）（見圖 iii 和 iv）。在 1850 年，他正是駐防香港的主要英軍步兵團之一。該兵團在香港編制共有六個旅（約 680 至 720 人），是當年駐防香港英陸軍十五個旅之中的主要部隊。他在該駐港英陸軍兵團中排第三位，僅次於最高指揮官的崔佛中校（Lieutenant-Colonel Arthur H. Trevor, K. H.），並直屬於上司布赫伊少校（Major, G. F. F. Boughey）。從記錄看，該兵團在香港的物資供應

---

10 參閱胡光華：〈一種特殊的中西繪畫交流形式 —— 關喬昌（藍閣）與錢納利的藝術競爭〉，《美術觀察》，第 2 期（2001），頁 75。

代理人公司是 Cox & Co.。[11] 所以相信購買這本圖冊的經手人，也是這家公司的華人買辦，是他經手從林呱在皇后大道中的畫室訂購。

購買這本圖冊的英軍軍官，於 1857 至 1861 年參與攻打廣州的中英鴉片戰爭和 1854 至 1855 年於烏克蘭地區的克里米亞戰爭（Crimean War）。當年的克里米亞戰役，正是英、法、土耳其和意大利等國聯軍打擊俄羅斯帝國在克里米亞地區的擴展。[12] 至於這位軍官，於 1856 年 3 月 30 日簽署的《巴黎條約》結束了戰爭後，於 1857 年升為中校（Lieutenant-Colonel）職位，亦即是該兵團最高編制的軍銜。他亦將這本手繪圖冊帶回英國祖家，並保留至今天。

至於繪畫這本圖冊的畫師，相信是林呱的學員畫師，即是師承林呱的繪畫助手，以當年的記錄，他在香港的畫室最少也有八至十人每天在工作，繪畫不同類型的畫作，所以這些沒有林呱留名的畫作，應該是出自他的學徒畫師，亦即是西方所指「林呱畫室之作」（School of Lamqua）。這種師徒式藝術作業形式，在中國一直存在到今天：華人畫師在業務闖出名堂後，他本人主要集中於與客戶接觸，了解客戶繪畫的要求後，然後作初步的創作方向，並作出指示，而真正落筆繪畫的，是他屬下的個別學徒，由不同水平的學員承接繪畫不同的畫作。而他支付給學員的是每月的工資，而不是根據收受客人購買的價錢比例分發給學生員工，故畫室的業務利潤豐厚。而且他可以根據市場季節性的旺淡季，調節聘用學徒畫師的人數。由此可見，流傳到今天的早期外銷畫，除一些細功精繪的作品外，甚少見到畫師本人的作品，大部分都是他的學徒畫師所繪畫，一些大型風景畫作，更加是在同一幅畫內，看到不同部分由不同學員繪畫的筆觸，相信也是出於長期臨摹固定風格所致，屬於集體創作，所以大部分外銷畫均沒有畫師的留名。

當年這本圖冊的購入價錢是 1 英鎊 4 先令 10 便士，亦即是 298 便士。據 1846 年香港政府藍皮書（Hong Kong Blue Book）的記載，勞工平均每天收入是 7 便士（月薪 210 便士），一個政府辦公室的苦力或雜工月薪是 1 英鎊 10 先令（360 便士），而比較高薪的石匠，是每天收入 1 先令 4 便士

---

11 參閱 *The Hongkong Almanack, and Directory, 1850, Hongkong: Noronha*'s Office, 1850. Government of Hongkong, p. 5。

12 1853 至 1856 年的克里米亞戰爭（Crimean War）是軍隊首次使用爆炸性海軍砲彈、鐵路和電報等當代新科技於戰爭中。這場戰爭也是最早被廣泛記錄在文字和照片的戰爭之一。這場戰爭很快就成為後勤、醫療和戰術失敗以及管理不善的代表象徵。英國在這種場戰爭中，引發了對醫學專業的需求，包括最著名醫護南丁格爾（Florence Nightingale）的出現，她在治療傷員的表現和精神，開創現代護理服務，受到全世界的關注，並影響後世的醫護發展。克里米亞戰爭標誌着俄羅斯帝國的轉捩點。這場戰爭削弱了俄羅斯帝國軍隊，耗盡了國庫，削弱了俄羅斯在歐洲的影響力。帝國需要幾十年才能恢復。在克里米亞戰爭中戰敗後，俄羅斯擔心其在阿拉斯加的領土會在未來與英國的任何戰爭中輕易被佔領，因此沙皇亞歷山大二世選擇將阿拉斯加的領土出售給美國。

圖 v

1850 年，圖中的香港打石工，是香港開埠早期最早的工業，為香港的基建以及石材出口廣州和印度作出貢獻。圖像中的打石工，面貌神似廣東的客家人。

（月薪 480 便士），亦即是這一本手繪外銷畫全冊 120 幅人物圖的售價，是一個普通工人一個月的工資。當年以普通工人一個月的工資價格，購入這一本手繪圖冊，若以今日的薪金來作對比，屬非常便宜的畫作藝術成品。但以當年香港剛剛開埠九年的時間，百業代興，人浮於事，在港尋找工作機會的華人，若有這個數目的收入，已經是不錯的工作了。所以願意付出這個代價購買畫作的人，正是在港停留的洋人或軍人，他們有足夠的金錢和消費力，才會購買這類華人文化生活的畫作。香港開埠初期，華洋分區而居，洋人都是出於好奇心購買這些外銷畫，並帶回家鄉，展示給西方世界的民眾，讓他們了解香港華人生活的情況。就如同今天我們在世界各地旅行，購買旅遊的明信片無異。亦因為這些外銷畫是由跟隨西洋畫師學習的華人畫家所繪製，其表現風格已包含西洋繪畫的特質，再加入中國繪畫風格和手法，正是代表中西藝術文化融合的藝術作品。

至於本圖冊的人物圖像內容，正是反映香港 1850 年各種民生的多樣化，這方面的展現，與香港 1841 年至 1845 年開埠初期作比較，便發現很大的差異。香港開埠初期，富有華商對香港裹足不前，不會在香港開設行棧，也沒有大宗貿易。至於香港開埠前後，最早出現的工業和出口業，就是打石（見圖 v），其中不少勞工是來自廣東沿岸的客家人，他們每天聚集在九龍的碼頭，乘坐接駁小艇到筲箕灣落腳，然後跑到在鰂魚涌的礦石地區工作，做足一天的打石工，傍晚日落前，便坐船回九龍。他們大多是流動人口，有時人數高達三千多人以上，亦為香港最早期的建築業提供大量勞動工作。至於打石業，它為香港早期的西式建築、道路橋樑等基建提供良好的石材，並且出口到廣州和印度，故當年的打石工人，為香港的建設作出很大貢獻，而本圖冊亦罕見清晰地記錄了這方面的工種。

香港開埠九年後，不少工匠、苦力、小商販不斷湧現，其中買辦更迅速崛起，成為華人社會舉足輕重的階級。香港的華人業務，在 1845 年的時候，已經操控於店主、買辦和小販們的手中，但營業額微不足道。直到 1850 年，香港華人的情況出現轉捩點，因為廣州受到「紅巾之亂」及後期「土客之爭」，廣東動盪不安，富有的家庭受到安全威脅，爭相走難逃到香港，對香港房屋需求大增，華人社會聚集的太平山區一下子擠滿人，新的華人商號啟業，而特別為華人需求的貨品和服務亦快速興起。根據香港華人人口的增長統計，由開埠的 7,450 人，增至 1851 年的 31,463 人，並於其後的十年內急劇增至 92,441 人。香港華人數目激增，形成香港島太平山區華人極度稠密的情況。而各種各樣與華人生活有關的行業和工種，亦相繼在香港社會內出現。富有的華人更開設各類型的商店，並積極參與港府的土地拍賣，土地買家主要是來自新會、開平、南、番、順，香山和澳門一帶的華人。直到 1850 年代末期，香港出現了華人開設的貿易行商（hong），利用香港的航運優勢，聯通南北洋的商貨，在香港轉運到南洋各地，也為到舊金山和新金山（美國和澳洲）的華工經營僑匯和提供華人物資。這些行商亦是「南北行」和「金山莊」的前身，數量每年以倍數遞增。由此可見，1850 年代由於華人在各行各業的參與，於香港島社區內的重要性和影響力已正式確立。

1844 年庭呱畫室的畫冊最後一幅圖像，是木製的「太平水車」（見圖 vi），很明顯是香港開埠不久，香港華人本地製造的一種滅火水車。這種木製水車，其中手搖木柄拓水設施，正是源於洋人當年的滅火器（見圖 vii），經過華人改良，以木架車身本土製作。

在文檔中，最早記錄這種滅火車是 1836 年《中國叢報》（*Chinese Repository*）第五期，指出廣州每月都有三至四場火災，故廣州河南地方官員的代理人，特別從西方採購了西洋滅火車。至於從西方採購的滅火車資料，可從首部翻譯西方科技的期刊《格致彙編》1877 年第二年期刊的內容中，參閱相關的插圖（見圖 viii）和註釋，其描述如下：「人力水龍滅火器：附圖為小鄉村、大農家或製造家等合用之水龍，其工料最為堅固，而不易壞，其前有把柄使於數人牽之。此水龍共分大小九號；第一號者每分〔鐘〕時能噴水三百二十斗，〔水射〕高一百五十尺，須四十六人搖之，其價約銀洋七百五十圓。第九號者每分〔鐘〕時能噴水四十五斗，〔水射〕高八十尺，須六人搖之，其價約銀洋二百五十圓，其餘各號俱依於 1－9 號間。」從庭呱 1844 年這幅「太平水車」圖分析，

圖 vi

編者依原圖大小，重繪清晰的線條。

圖 vii

北京滅火隊 c.1873，插圖取自 Herbert Francis Brady 著 Pictorial Journal of Viewing China 一書中。

圖 viii

節錄自中文科技期刊《格致彙編》1877 年第二年，第二頁的第三圖。

圖 ix

1818 年贈送給英國布羅克漢普頓莊園 Brockhampton Estate 馬力拉動的儲水消防泵。正是香港華人製作水車的參考型號。網上圖片。

正是依據英國流動滅火器中最小的九號，由六個人（左右各三人）搖動車旁的把柄，將水從水箱拓出水龍的型號，改良作木製骨架，保留儲水的金屬水箱，正是本土製造早期滅火器的圖錄。

至於香港島，開埠至 1860 年代中期，香港政府仍未成立官方的滅火隊，要到 1868 年，才出現由抽派人員和自願者成立的「香港救火公司」(Fire Brigade)，隸屬於香港警隊，由海軍委派工程師和水務局工程師負責，一級和二級滅火車由洋人負責駕駛，編制有 14 名歐籍救火員，華人救火員 40 名，火警監察員和爐房華人員工各四名，另外還有 40 名駐消防局的後備人員。其後中文名改為「滅火局」，除了維多利亞城區外，亦於各區如油麻地、香港仔、筲箕灣等地設分局，各區編制除一名歐籍消防員和一至兩名華籍消防員外，其他每區主要滅火人員 22 至 40 人不等，都是來自自願的華籍消防員。

在 1850 年代，華人聚居的太平山區及其沿岸般咸道地區，曾發生了多次大火，一發不可收拾，災情嚴重，不少華人家庭和房屋盡毀。當年參與救火的，相信是華人自己組織的成員，而使用的滅火水車，亦從未見過實物或圖像，這幅 1844 年華人製造的滅火「太平水車」圖像，正好填補這方面的記錄。

1850 年香港外銷畫冊中，展現了華工百態圖的真實性，可從 1868 至 1872 年英國著名旅遊攝影師約翰．湯姆遜（John Thomson）在中國各地包括廣東、香港和澳門拍攝的《中國和中國人》照片中，作細緻的比較和考證。

圖 x

圖 xi

左圖（圖 x）是約翰・湯姆遜於 1871 至 1872 年間，在北京拍攝，題為「更夫」的照片。右圖（圖 xi）是 1850 年林呱香港畫室繪畫，衣着和手持打更用的物件畫像幾乎一致的人物，但標題是「丐食兒」。從這種殘破衣着來看，林呱描繪的人物，在香港是行乞為生。至於他手中持有的打更用器，也說明這些行乞者在香港另一個謀生的方法，便是作打更報時的工作。從兩張不同時間和地區的圖像作比較，我們對於香港早期華人謀生的工作多了一點理解。其他行業還包括木工作業（圖 xii、xiii）和街頭擲骰仔賭博（圖 xiv、xv）

圖 xii

圖 xiii

圖 xiv

圖 xv

圖 xvi

圖 xvii

至於圖冊中反映香港開埠華人的衣着和婦女的髮式，亦可從後期約翰．湯姆遜在廣東拍攝的中國人印象照片中，完全表達相同的髮型和衣着，參看圖 xvi、xvii，其中包括仕女作業的衣飾（圖 xviii、xix、xx、xxi），人物繪畫均能正確地表達和展現。

圖 xviii

圖 xix

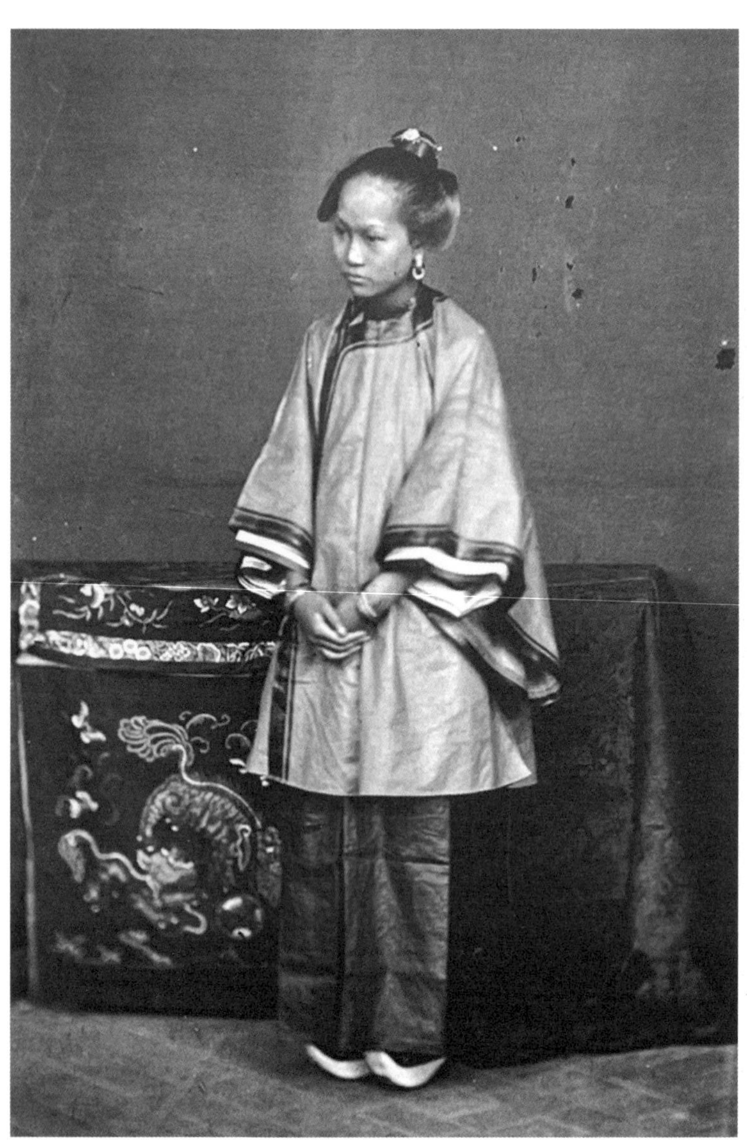

圖 xx

圖 xxi

圖 xxii

圖 xxiii

至於當年佛教僧侶的服飾，也可從照片中印證外銷畫圖像的真實性，見圖 xxii 和圖 xxiii。

圖 xxiv

圖 xxv

其中不論是 1850 年手繪的賣豬肉店（圖 xxv）和後期照片拍攝的豬肉檔（圖 xxiv），負責的店員都是同一種「豬肉榮」的形象：圓面而粗獷。可見畫師捕捉了各類職業人物的神采。

圖 xxvi

上圖（圖 xxvi）是一個挑水的婦女照片，拍攝於 1871 年福州，下圖（圖 xxvii）是香港 1850 年挑糞（夜香）的婦女繪圖。兩者衣服形態十分相近，只是照片挑擔肩負的是兩桶清潔飲用的食水，所以身上多一條代表清潔的圍裙，另一個是挑擔肩負兩桶糞便，是厭惡性污糟的工作。但兩者的服飾均是一致的。

圖 xxvii

圖 xxviii

北京街頭的西洋鏡，1871 年。夢周基金藏中國照片。

圖 xxix

圖 XXX

1933 年平涼的街景，節錄自 Bosshard in China 照片冊，2018 年。

1850 年的香港民生百態圖，亦反映出香港其後的發展，城市不斷的改變，哪一種民生行業在什麼時候消失，什麼行業仍然保存到今天，這些圖像提供了很有意義和歷史性的比較。如圖 xxix 的西洋鏡出現於 1850 年香港繪圖冊，直到 1871 年，實景照片出現於北京街頭（見圖 xxviii），其中的變化，到了民國 1930 年代，相差不多的西洋鏡仍可見在大街擺放（見圖 xxx），這種奇趣的西洋玩意，在中國的大城市，包括香港的華人區，已橫跨了百多年。

至於華人從事的其他行業，如彈棉花、擔挑的小販們、石磨豆漿製豆腐、街邊外賣熟食、收集夜香等等的行業（見圖 1.23、1.4、1.10、1.43、1.30、1.47、1.60），在戰後直至上世紀六十年代，這些民生行業仍然普遍存在，但隨着香港生活的改善和變遷，都市的重建和發展，這些行業於七八十年代已不復存在。反而保留到今天的行業，是手工藝，它沒有受科技發展的影響，其中的工種如瓷繪、寫揮春、打金銀手飾、磨鉸剪鏟刀、街邊補鞋，仍然保留到今天，沒有多大變化（見圖 1.81、1.55、1.41、1.5、1.20），不少本土工匠仍然承傳着這些工藝，維持他們的生計。

香港開埠初期的十年內，當攝影照相仍未普及應用時，記錄香港民生的情況只停留於文字的記載，可惜內容並沒有提及華人生活上的各種民生細節。這本外銷畫圖冊最大的貢獻，就是當年的外銷畫師和他們的學員所繪畫的人物圖像，給讀者提供了香港開埠初期華人生活和民生的真實歷史形態，包含內容更多達 120 種以上不同的工種，比當年文字記錄華人的行業，更多出一倍有餘。而各幅畫作，更能細緻地展示出香港開埠初期華人的真實形態。

第一部分

1850年
林呱畫室香港民生圖冊

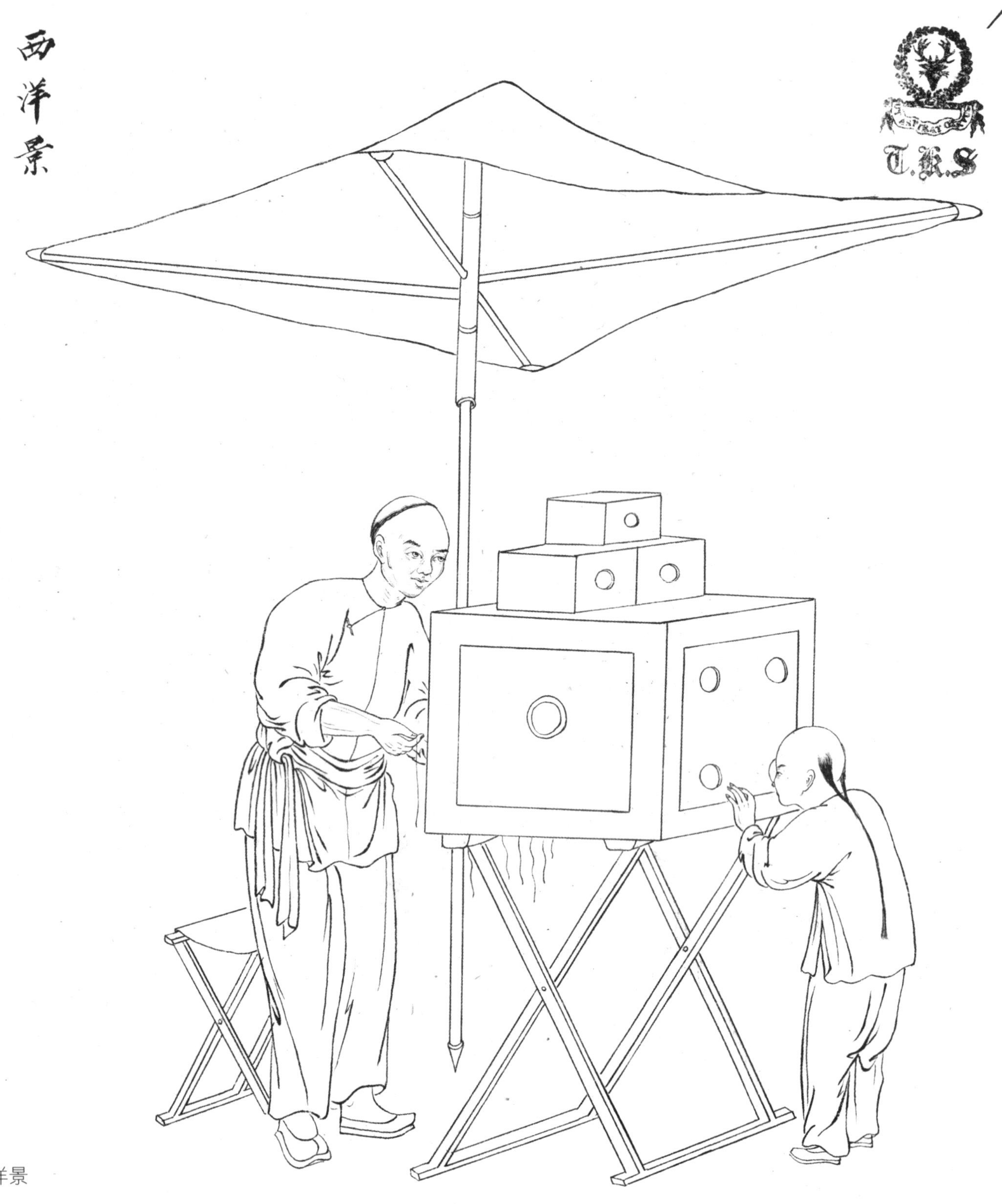

1.1
西洋景

賣絨線

1.2
賣絨線

外科先生

1.3

外科〔賣中成藥〕先生

1.4
賣牛肉

1.5
〔磨鉸剪〕鏟刀

16

蒸燒酒

賣燈草

1.7
賣燈草

1.8
丐食兒

1.9
賣紙料

1.10
賣豉油

1.11

賣京菓

1.12
賣茶壺

1.13
賣蛇藥

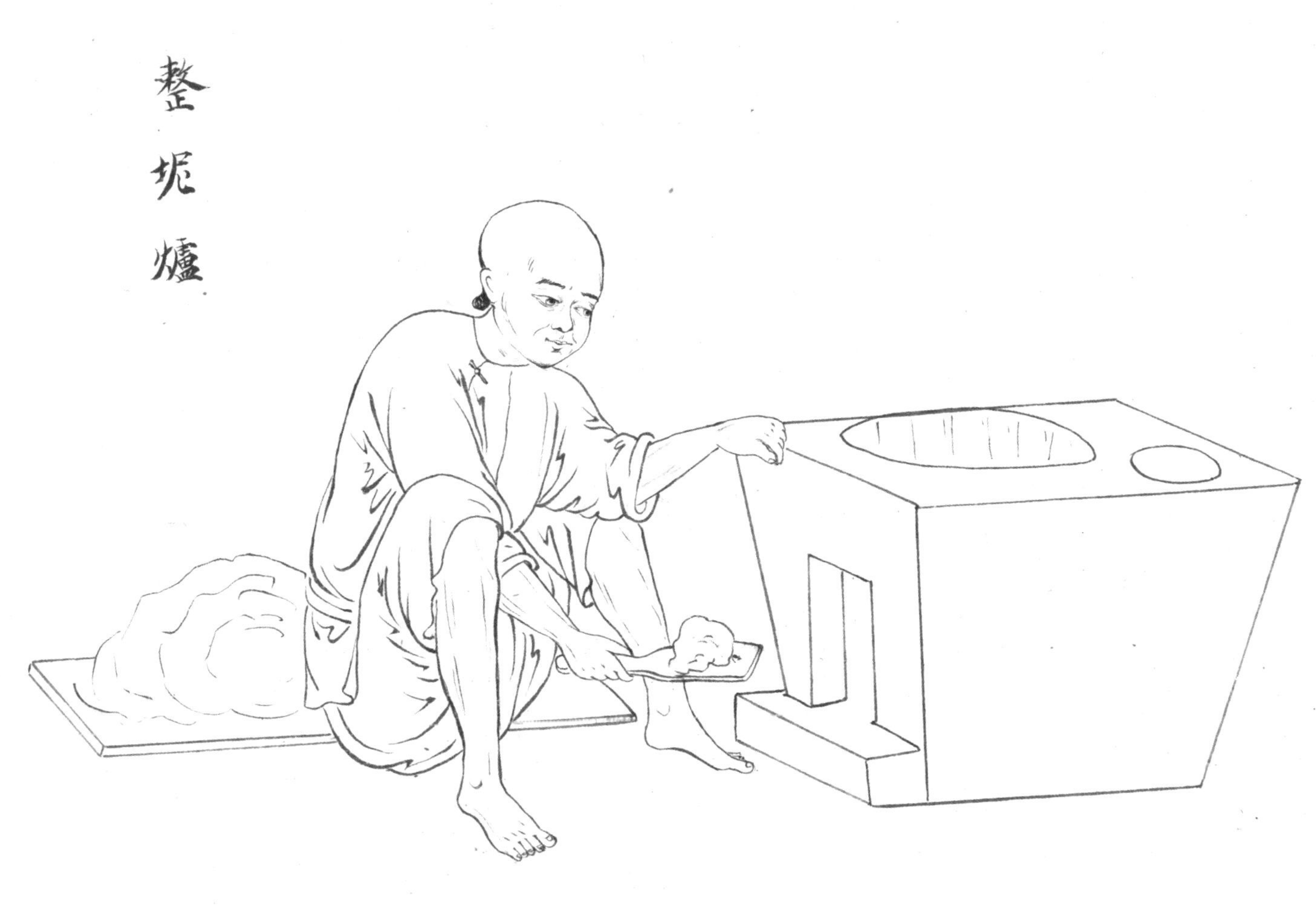

1.14
整坭爐

1.15
賣釣線公仔

戲法和尚

1.16
戲法和尚

1.17
賣〔貓〕狗

丐食和尚

1.18
丐食和尚

1.19
賣雀

1.20
釘屐

1.21

掛枝丐兒

打鉄

1.22
打鉄

1.23
彈棉花

賭博擲色子

1.24
賭博擲色子

糶米

1.25
糶米

弄法和尚

1.26
弄法和尚

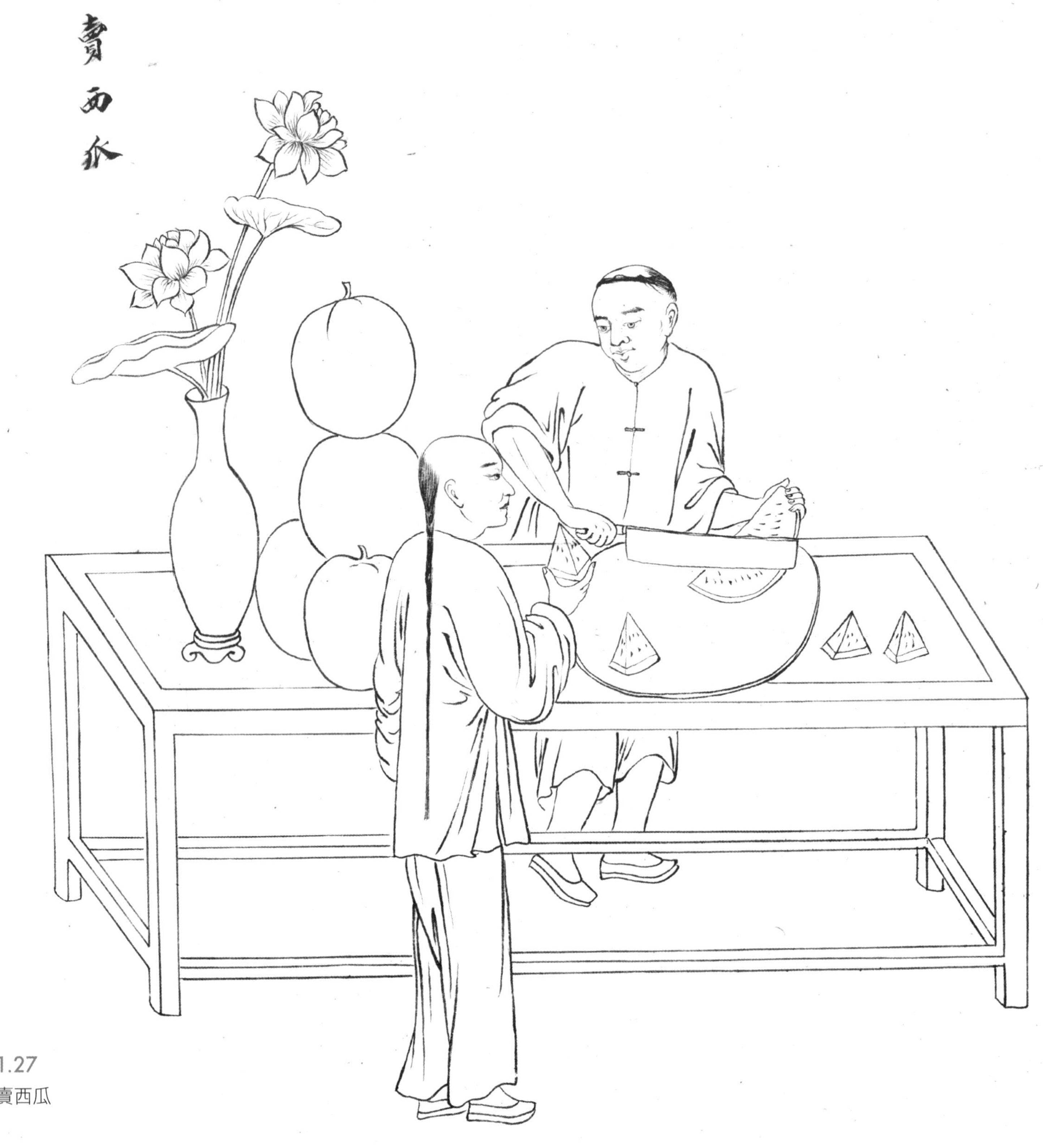

1.27
賣西瓜

1.28
賣掃

1.29
賣燒肉〔燒鵝〕

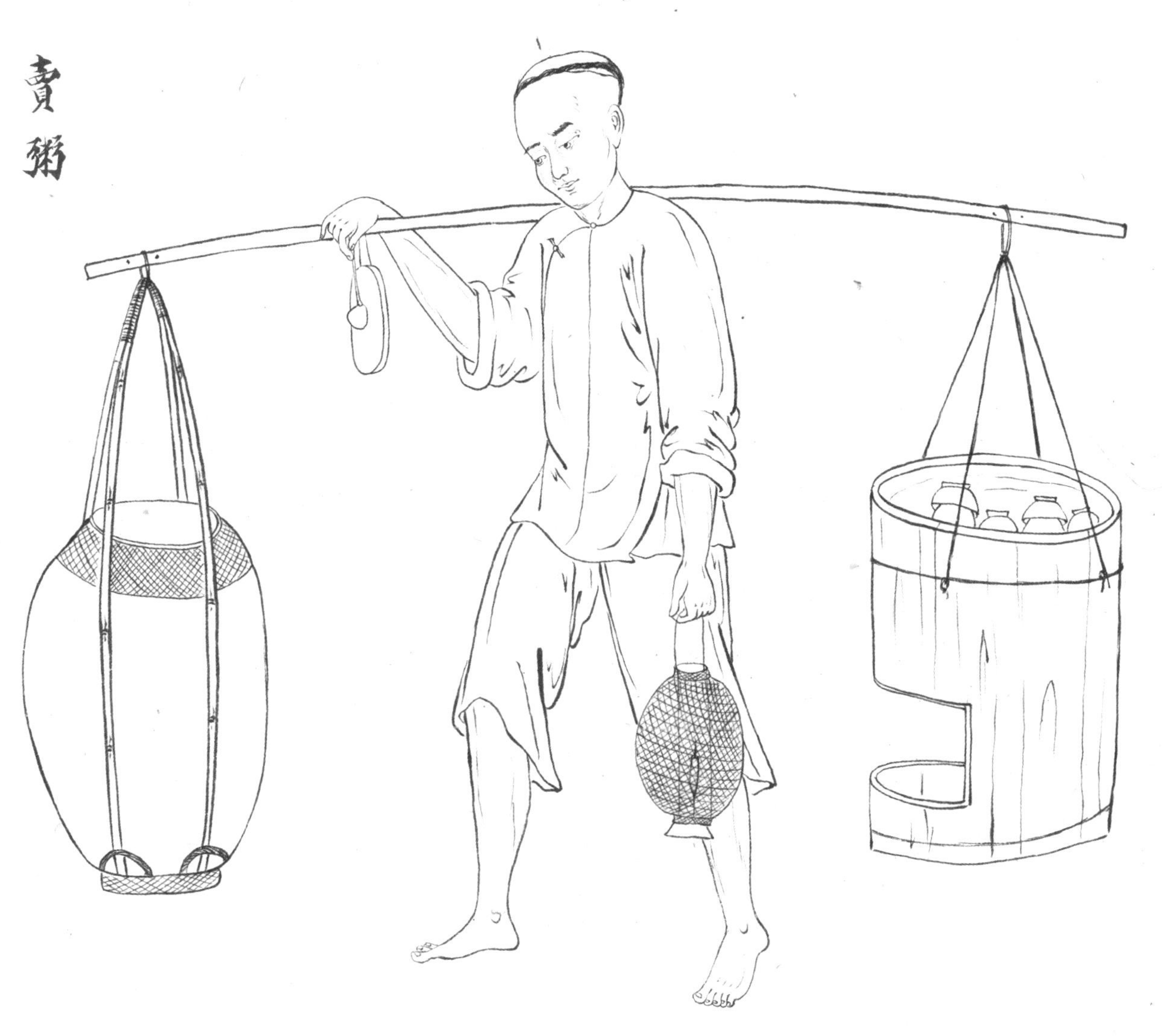

1.30
賣粥

擔煤炭

1.31
擔煤炭

1.32
看相

1.33
磨麵

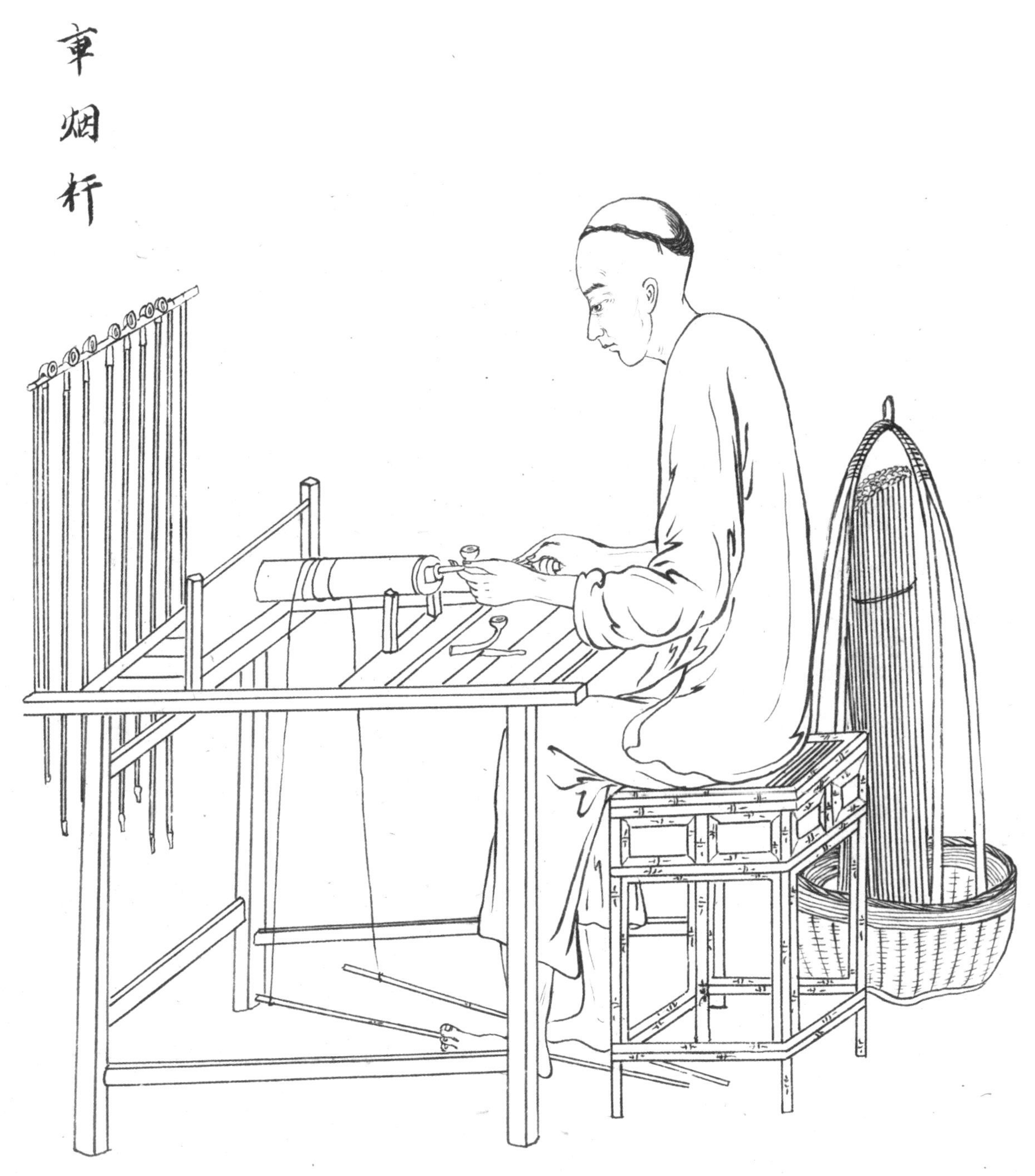

1.34
車烟杆

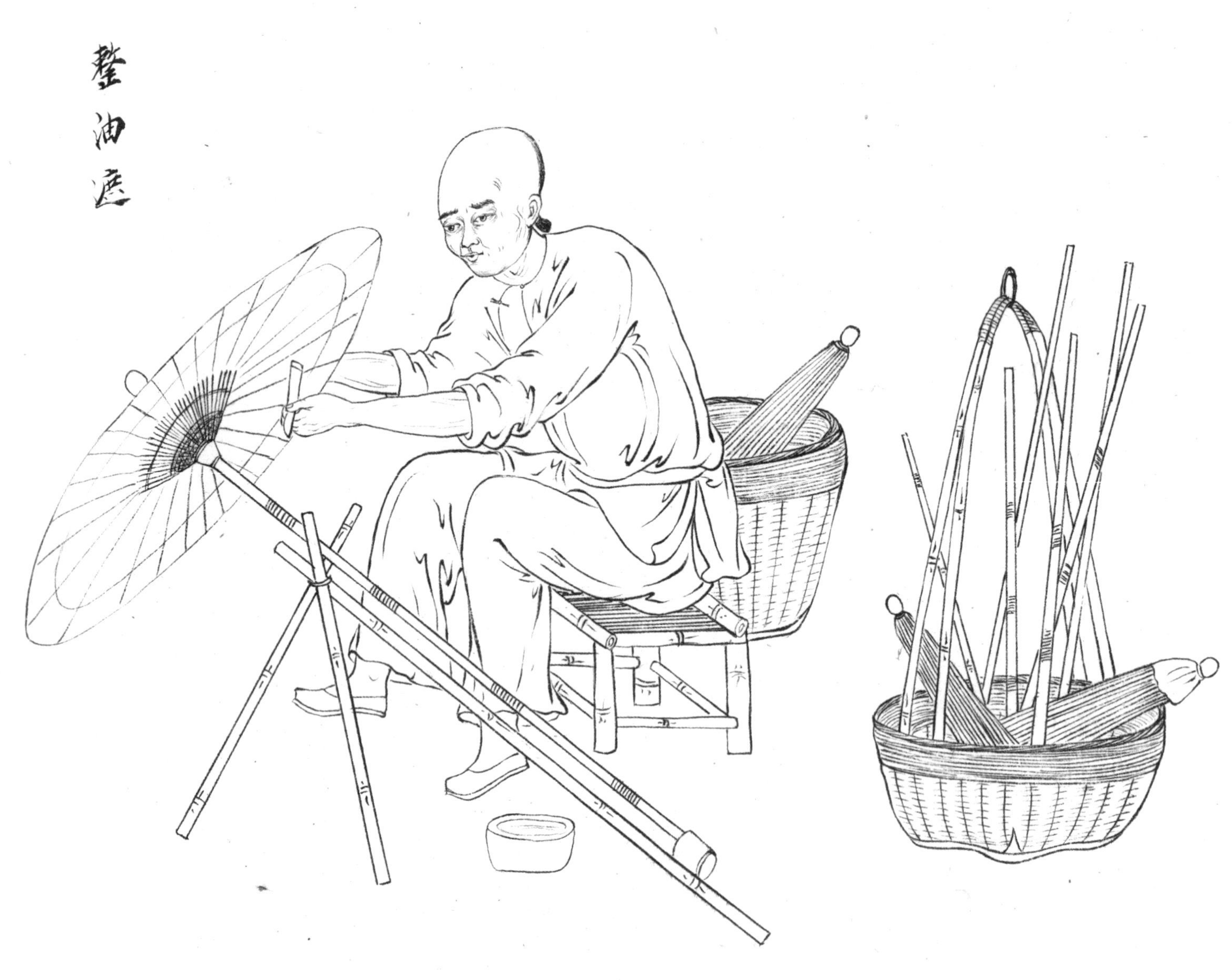

1.35
整油遮

1.36
狗舂碓丐兒

1.37

⿰扌解高樓

1.38
研布

1.39
弄戲法

1.40

賣〔紙〕元寶

1.41
打銀匠

1.42

騎花碗

1.43
磨豆腐

唱麒麟丐兒

1.44

唱麒麟丐兒

1.45
趕豬郎

1.46
織籮

1.47

賣茜米粥

1.48
績蔴

1.49
打錫

賣簫

1.50
賣簫

1.51
收買狗

賣字畫

1.52
賣字畫

1.53
賣埕

募化和尚

1.54
募化和尚

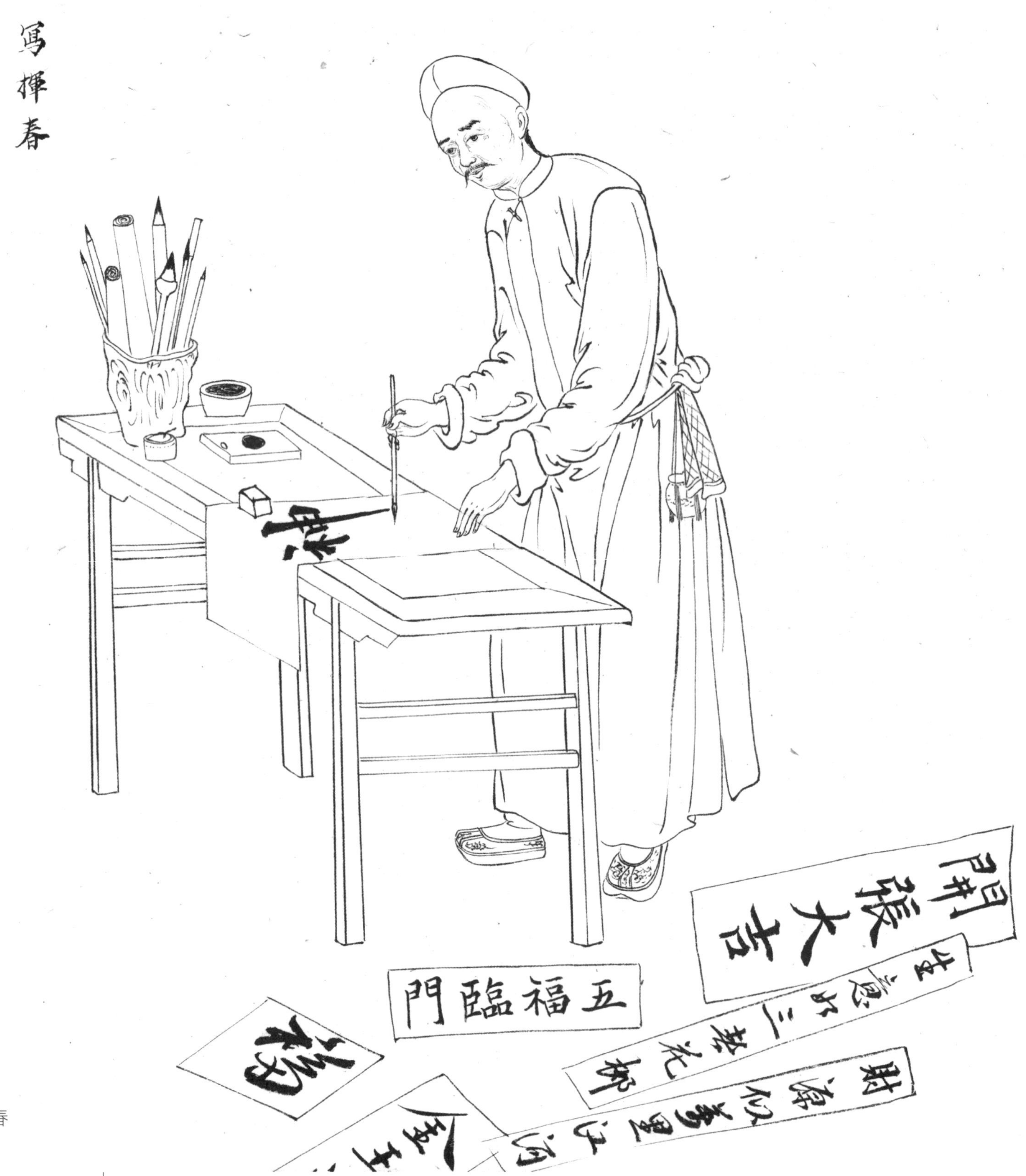

1.55
寫揮春

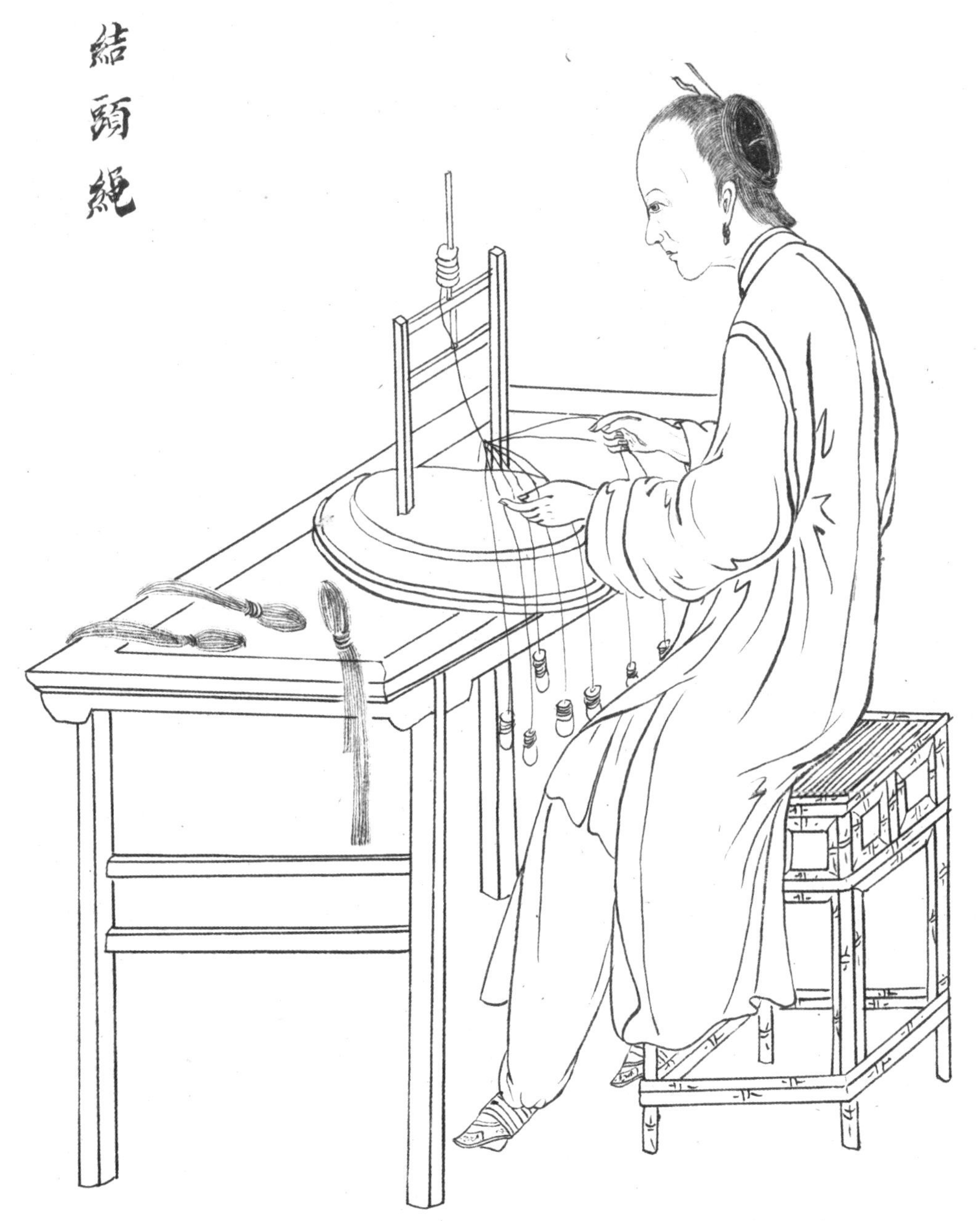

1.56
結頭繩

1.57
槌帽胎

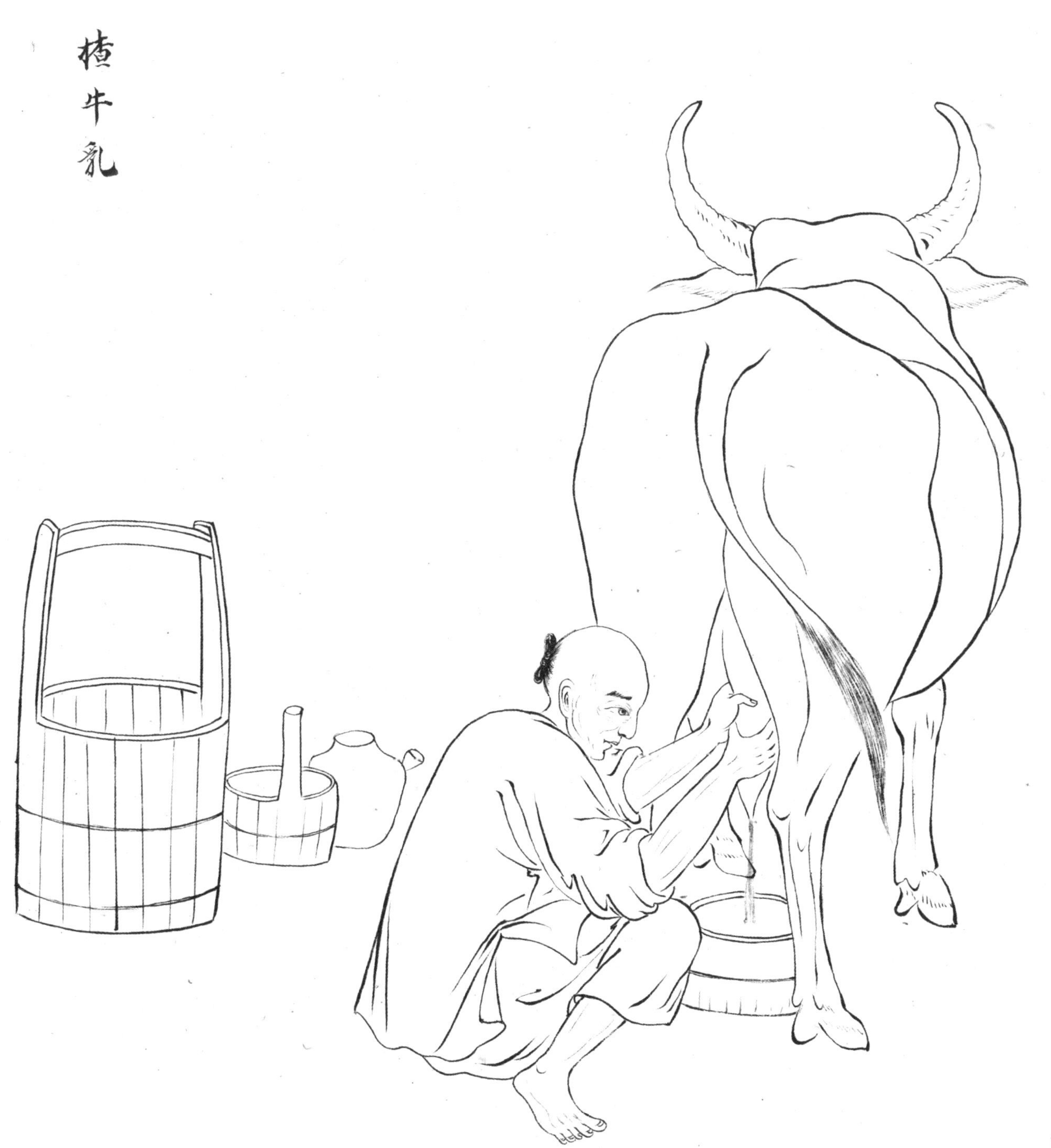

1.58
揸牛乳

1.59
盲妹

1.60
挑糞

1.61
賣馬蹄

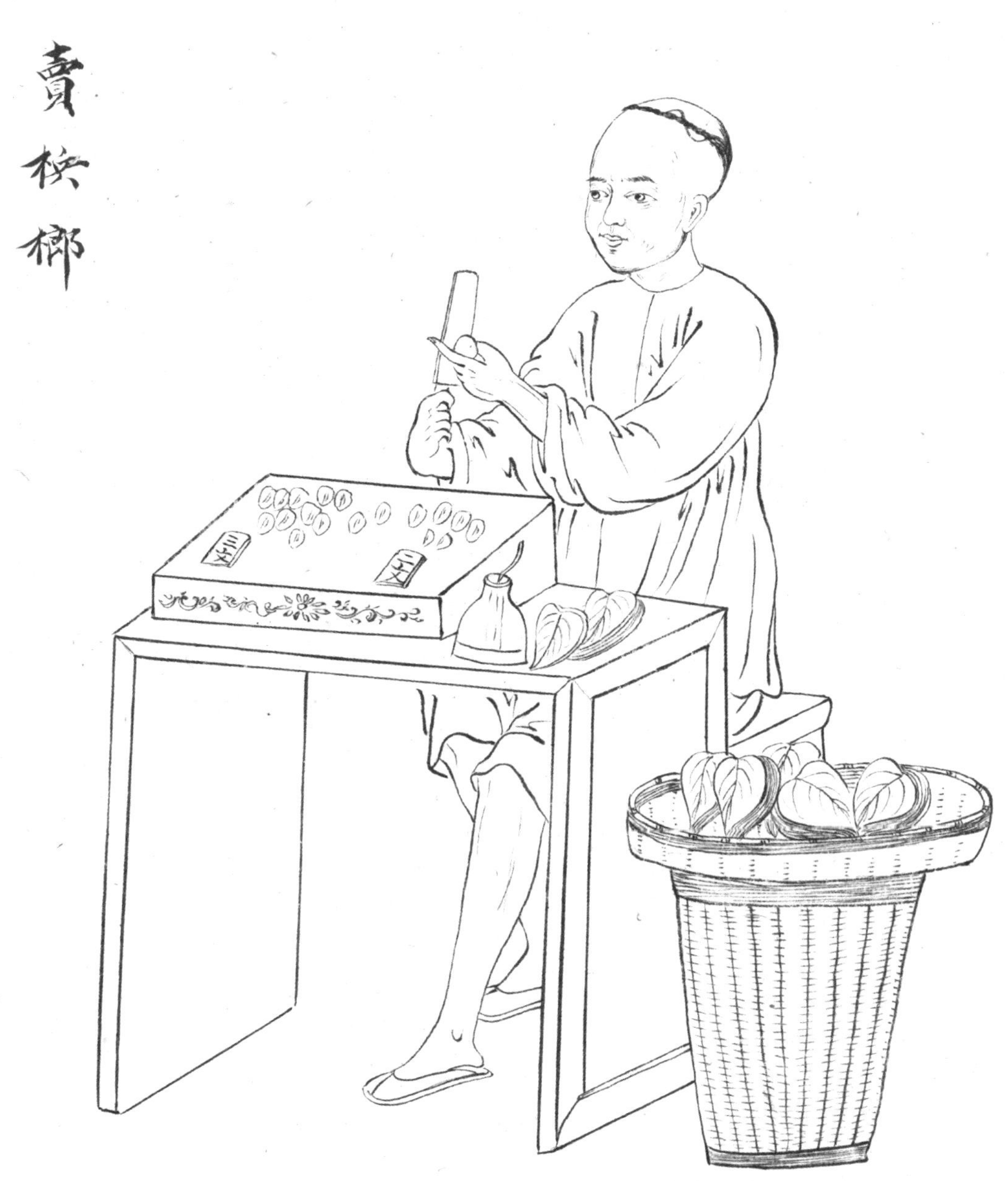

1.62
賣檳榔

賣羅斗

1.63
賣羅斗

賣銅油灰

1.64
賣銅油灰

1.65
唱道程

賣梳篦

1.66
賣梳篦

1.67
打珍珠眼

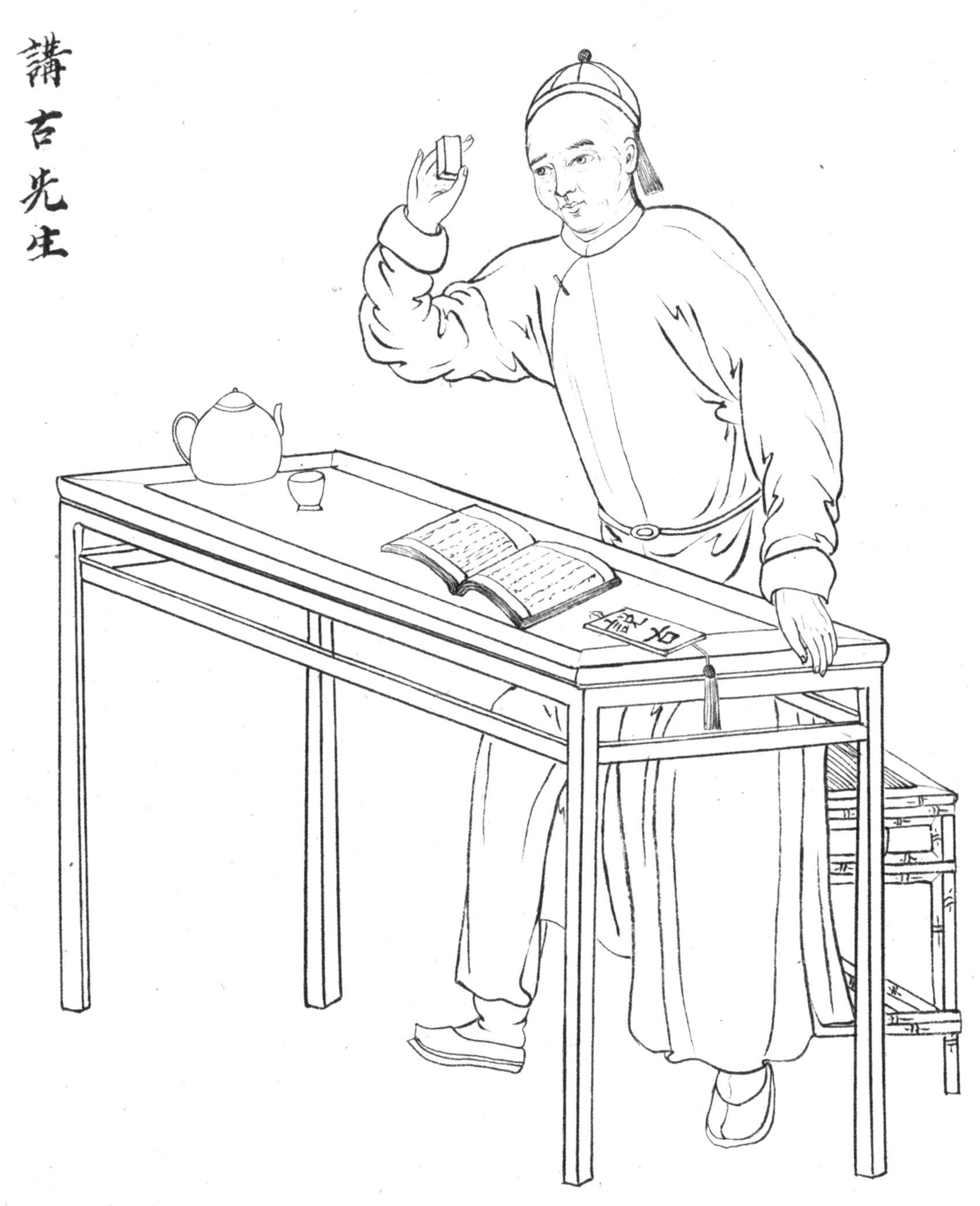

1.68
講古先生

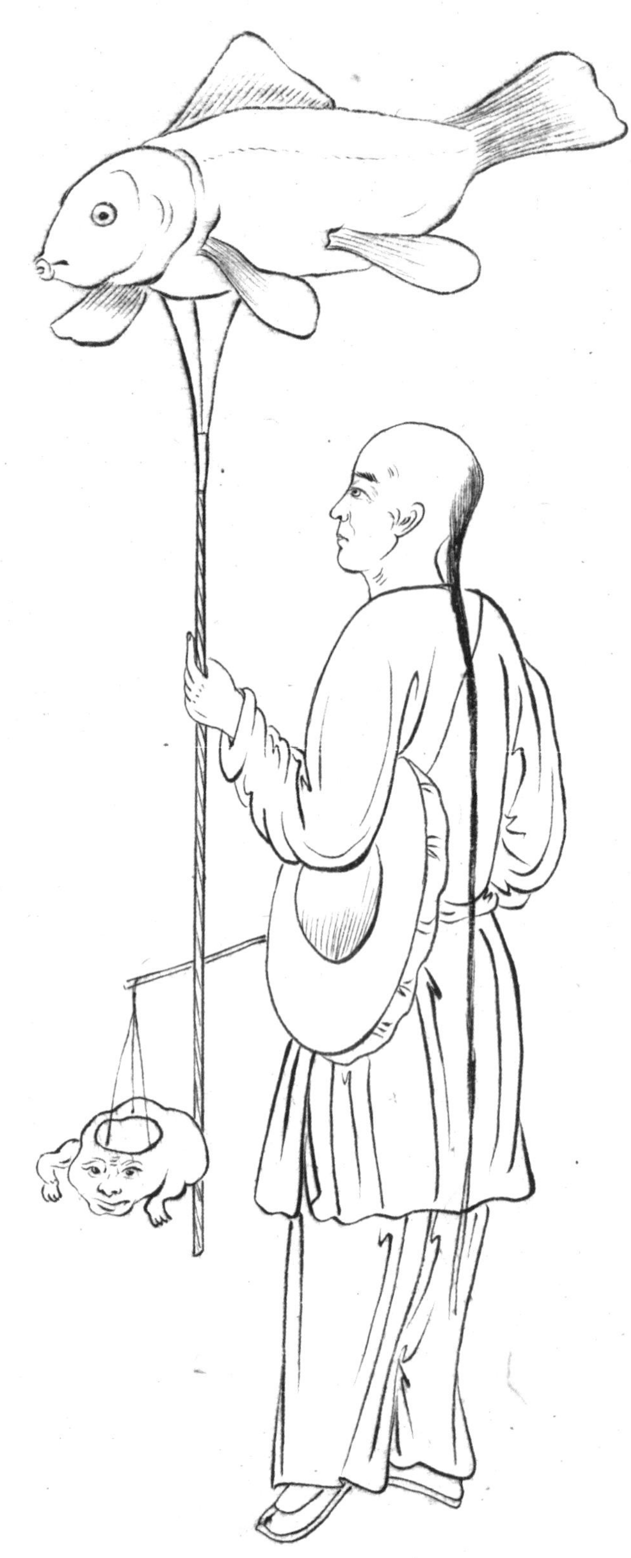

1.69
賣新春燈色

鳳陽婆丐食

1.70
鳳陽婆丐食

1.71
賣生油

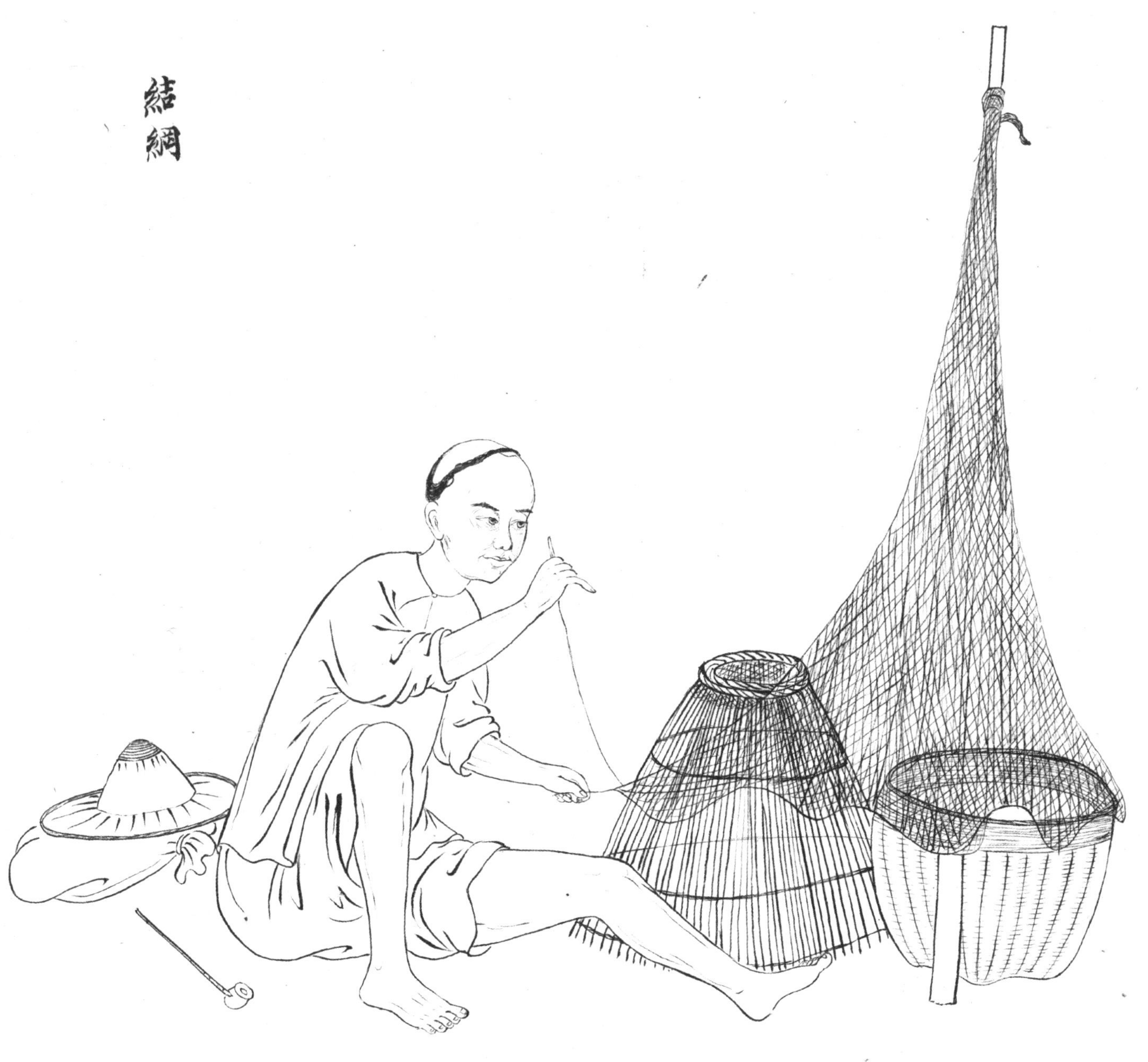

1.72
結網

1.73
掃地砂

1.74
油漆

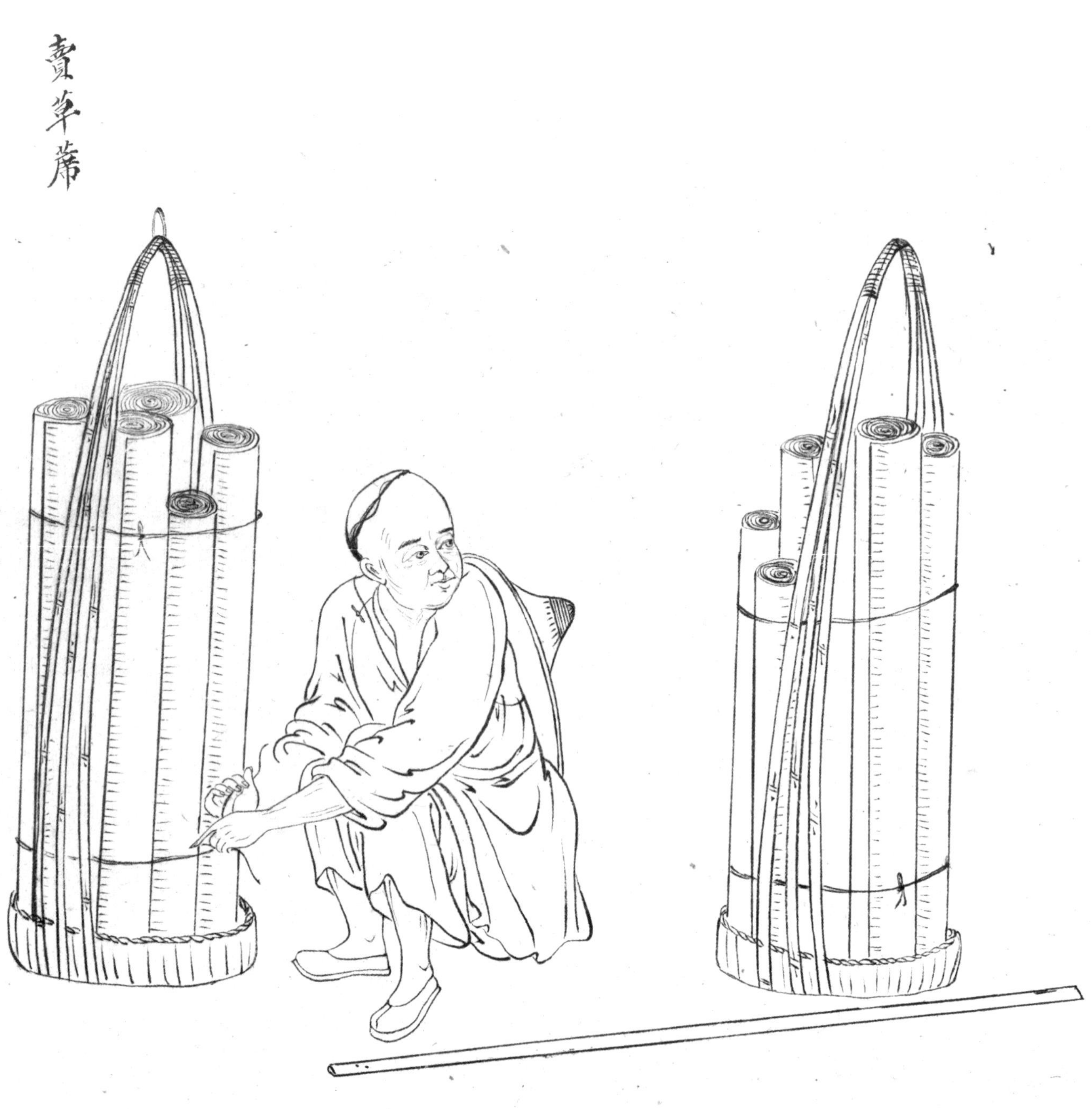

1.75
賣草蓆

打銅器

1.76
打銅器

1.77
打包

1.78

賣缸瓦

1.79
耍戲法

打更籌

1.80
打更籌

1.81

畫瓷器

1.82

塑神像

1.83
賣羔皮

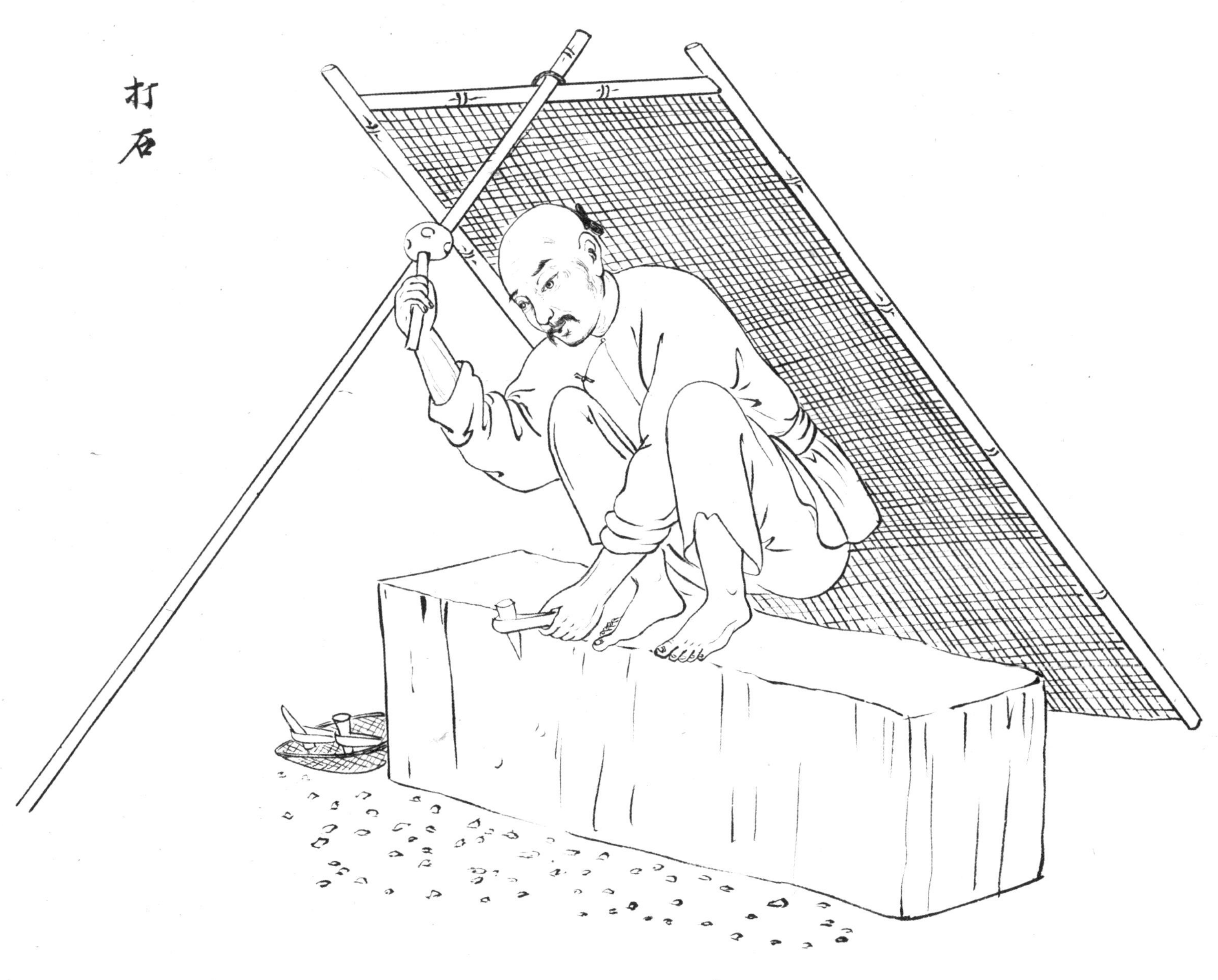

1.84

打石

1.85
賣孔明燈

賣木魚書

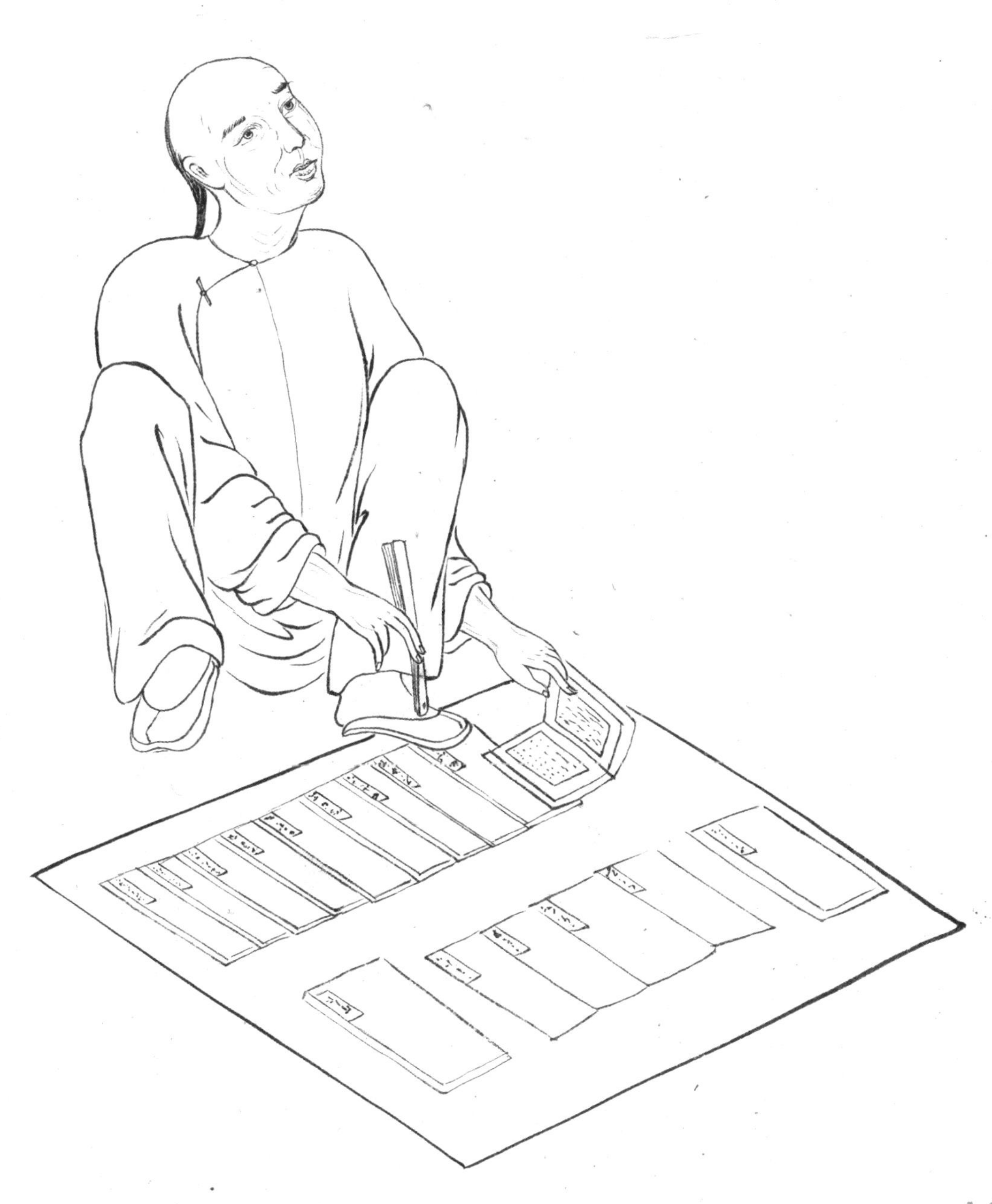

1.86
賣木魚書

1.87
取魚

賣毛毡

1.88
賣毛氈

1.89
打獵

1.90
賣鹽

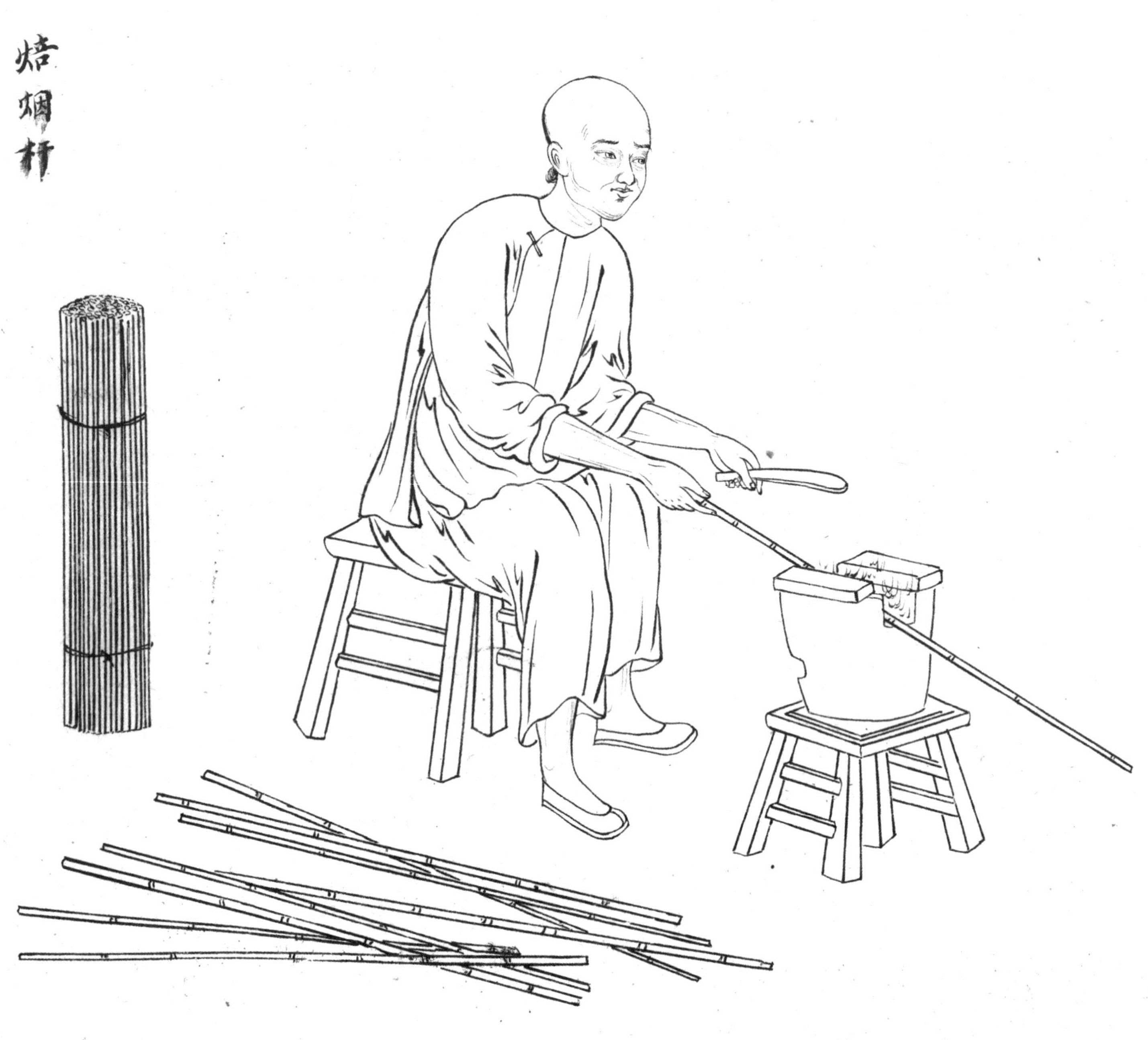

1.91
焙煙杆

賣鵪鶉

1.92
賣鵪鶉

1.93

賣薄餅

1.94
造纓帽

1.95
造襪

096
道士賣藥

1.97
點翠

1.98
賣竹篾

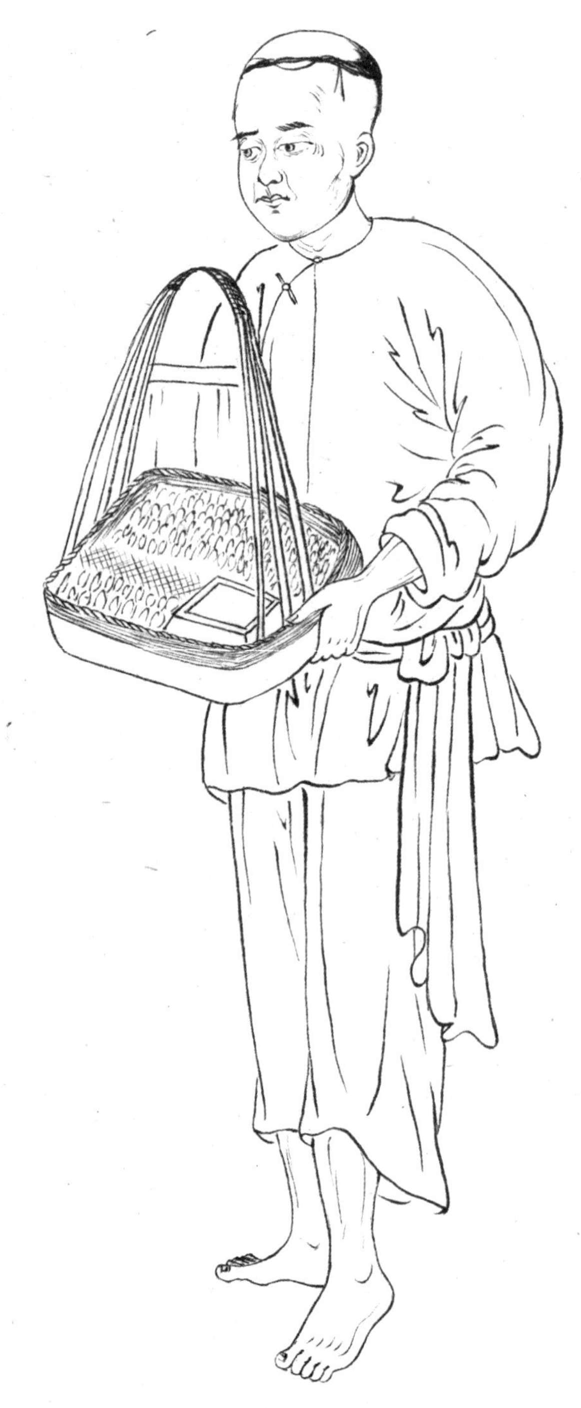

099
賣餅食

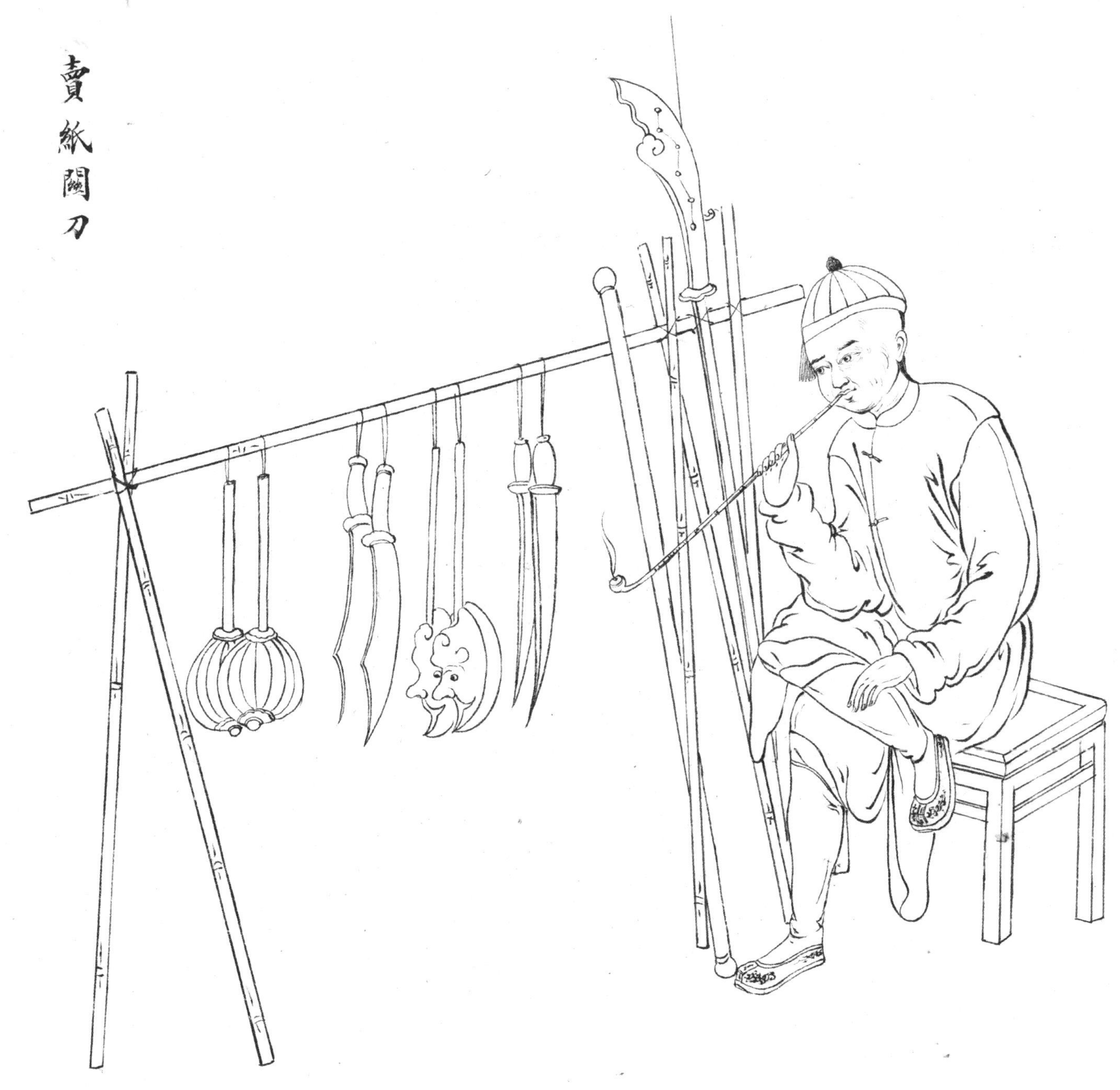

1.100
賣紙闊刀

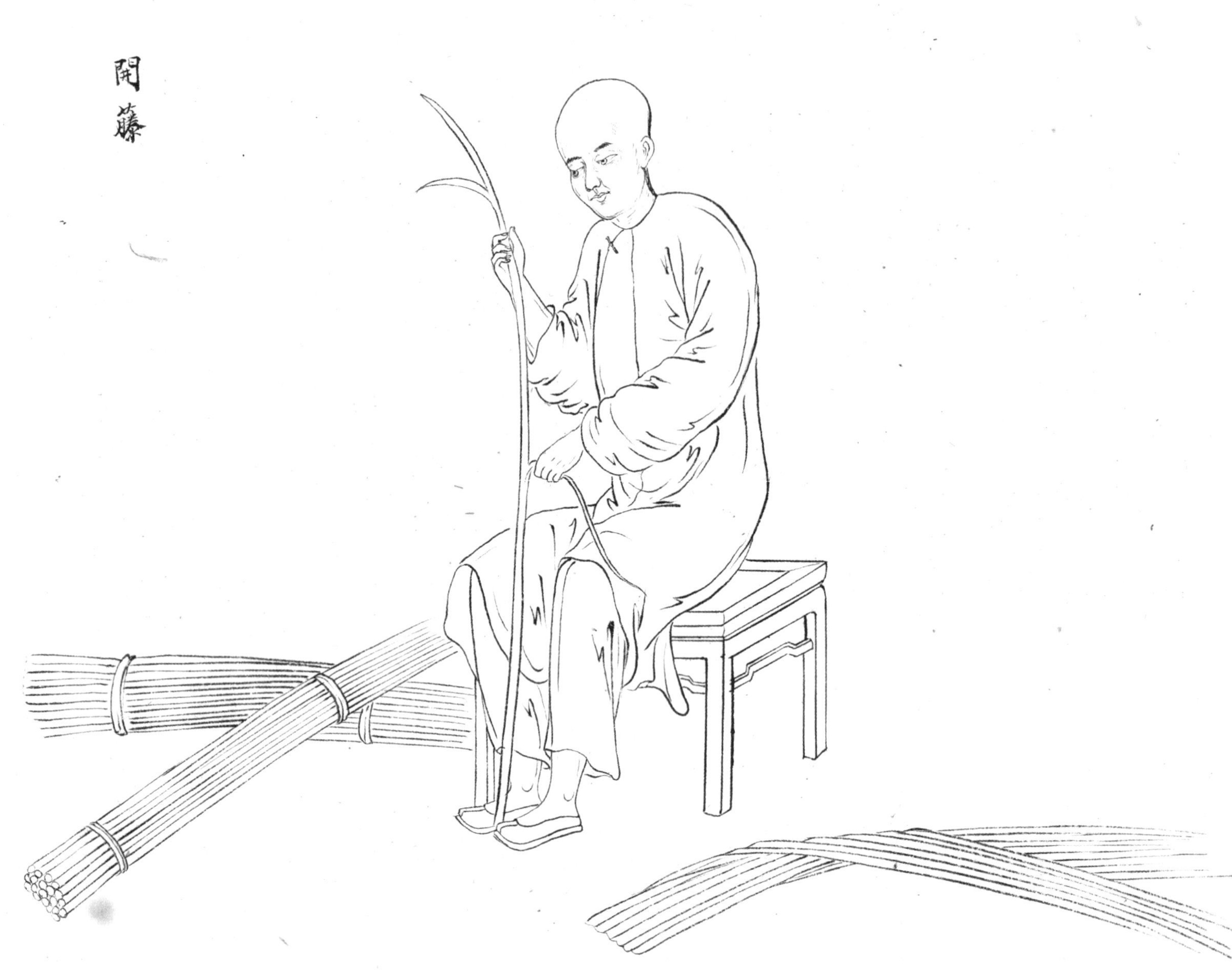

1.101
開籐

1.102
補鞋

1.103
賣眼鏡

1.104
賣藕

1.105
賣瓜菜

1.106
買餸

買办

1.107
買辦

1.108
瘋妹賣棕繩

1.109
賣熟馬蒂

1.110
賣鉸剪刀

1.111

賣豬肉

1.112
賣明瓦窗

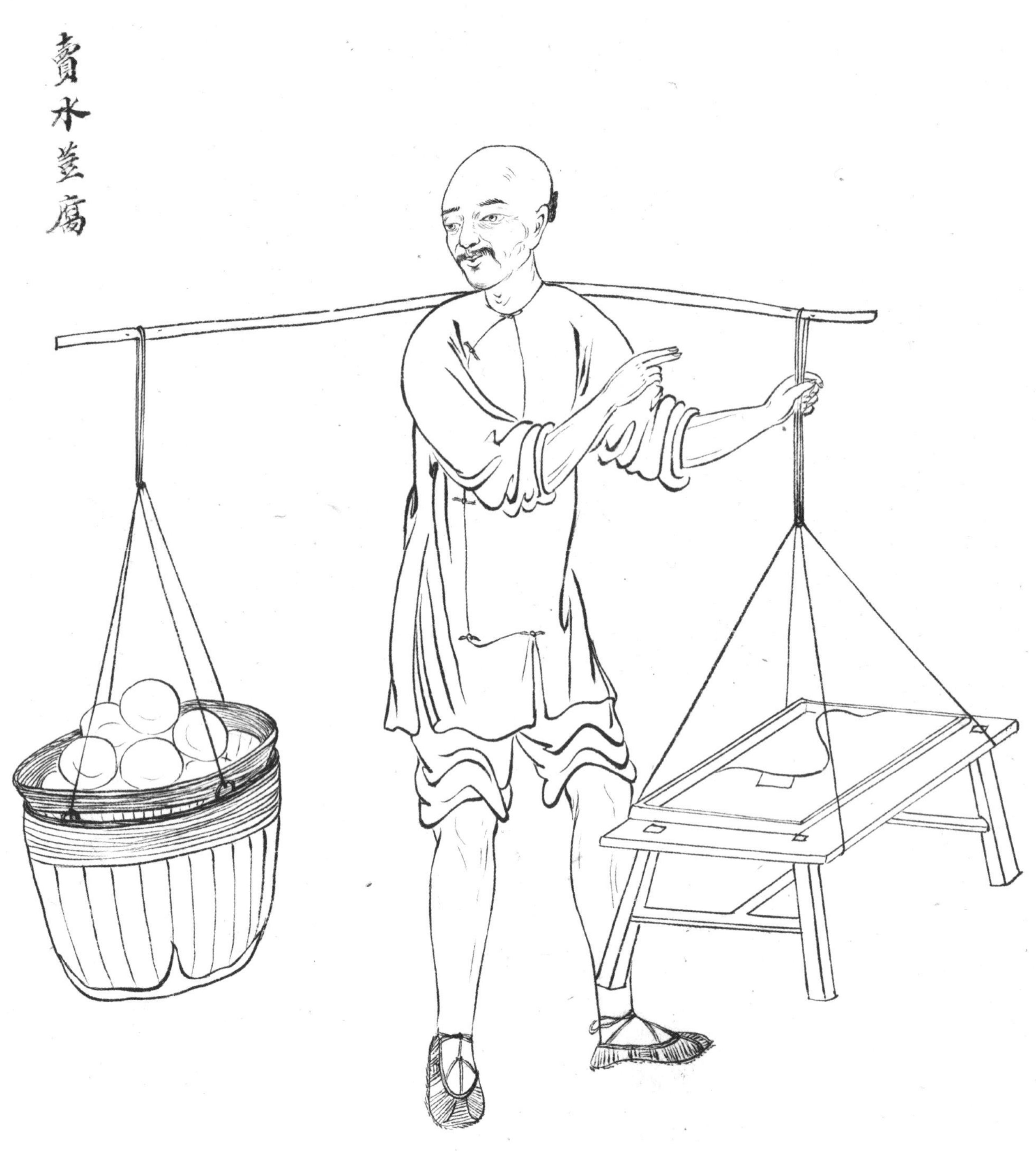

1.113
賣水豆腐

賣算盤

1.114
賣算盤

1.115
賣羊肉

鉋烟

1.116
鉋煙

賣鷄毛掃

1.117
賣雞毛掃

賣皮錘

1.118
賣皮錘

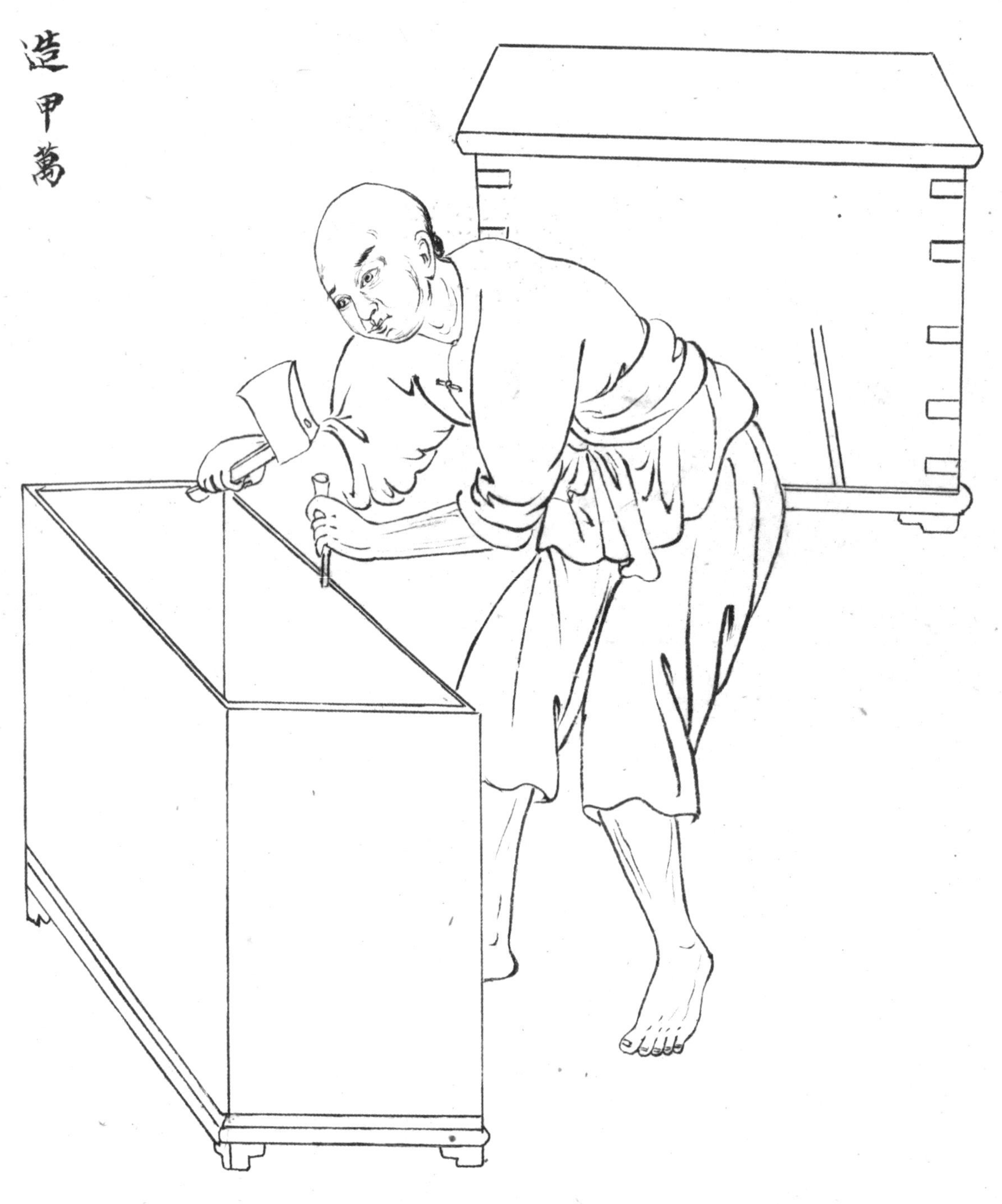

1.119

造甲萬

1.120
造弓矢

第二部分

1844年
庭呱畫室圖冊

2.1
小孩出世

A wet nurse suckling a child.

2.2

乳娘餵哺嬰孩

Shaving the head 3d day after birth

2.3

出生後三天剃頭

Chinese School. Boy reciting his lesson.

2.4

華人書館，男童閱讀課本

Worshipping in an Ancestral Hall

2.5
跪拜祖先

Students of an Academy paying their respects to the Professor.

2.6

門生拜謝恩師

2.7

兩位好友拜訪知縣大人

A bride presenting tea to her father & mother.

2.8

新娘向父母敬茶

Escort of a Mandarin retiring from Office

2.9

朝廷大官奉旨回鄉

Children complimenting their parents at 70 yrs of age.

2.10

子女向七十大壽父母叩拜問安

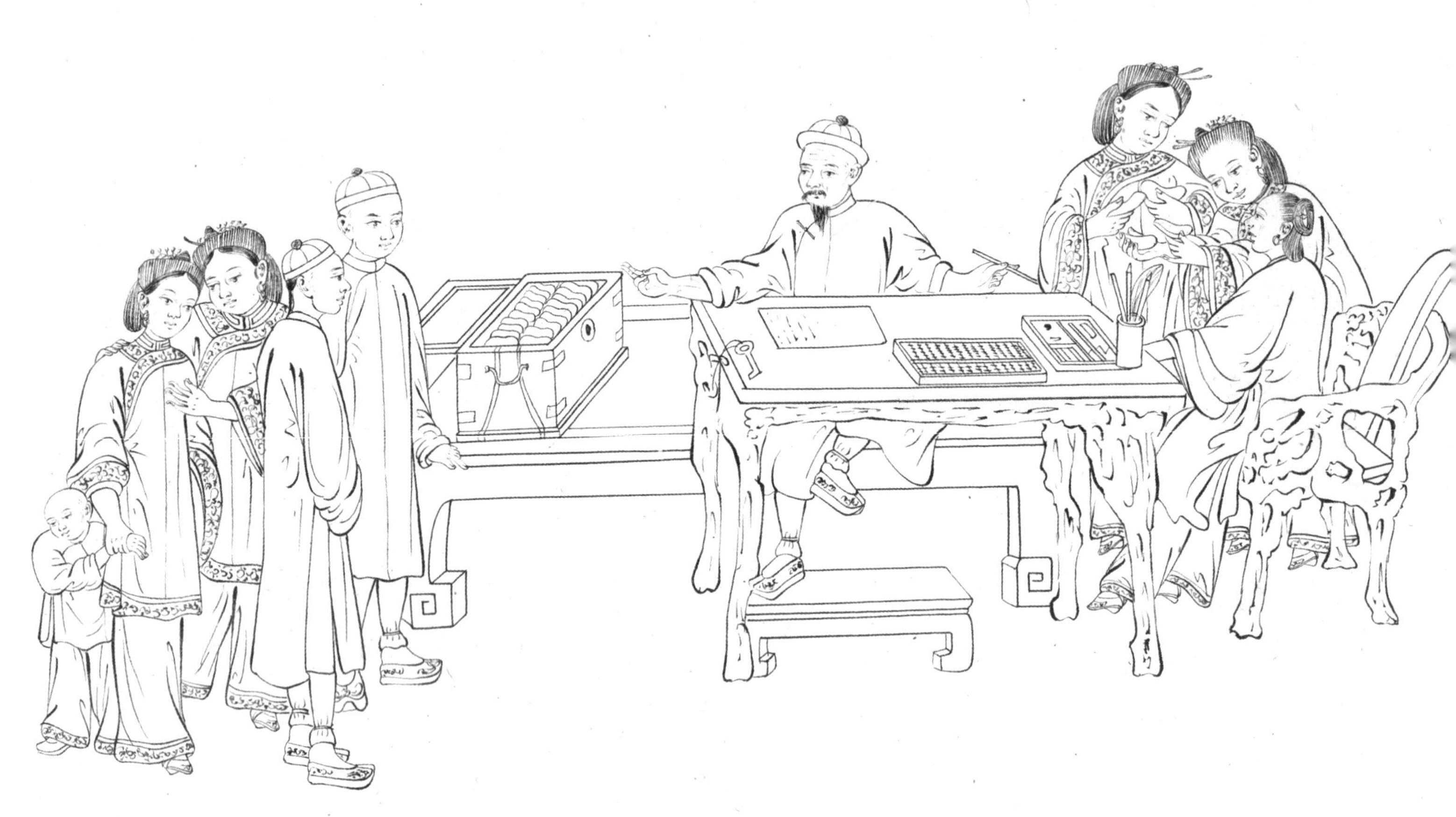

A father dividing his property among his children

2.11

父親分家產給子女

Wailing & ceremonies at the death of a father

2.12
父親逝世守孝場景

2.13
中國皇帝（清道光帝）

2.14
中國皇后（孝慎成皇后）

2.15
正一品官員（光祿大夫）

2.16
正一品官夫人

2.17

正二品官員夫人

2.18
正三品官員（通議大夫）

2.19
正二品官員（資政大夫）

2.20

正三品官夫人（淑人）

2.21
正四品官員（中憲大夫）

Wife of 4th Rank Mandarin

2.22
正四品官夫人（恭人）

2.23
正五品武官（武德騎尉）

2.24

正五品官夫人（宜人）

2.25
梳妝仕女

2.26

繡花仕女

2.27
頭帶繡花

Embroidering a head-band

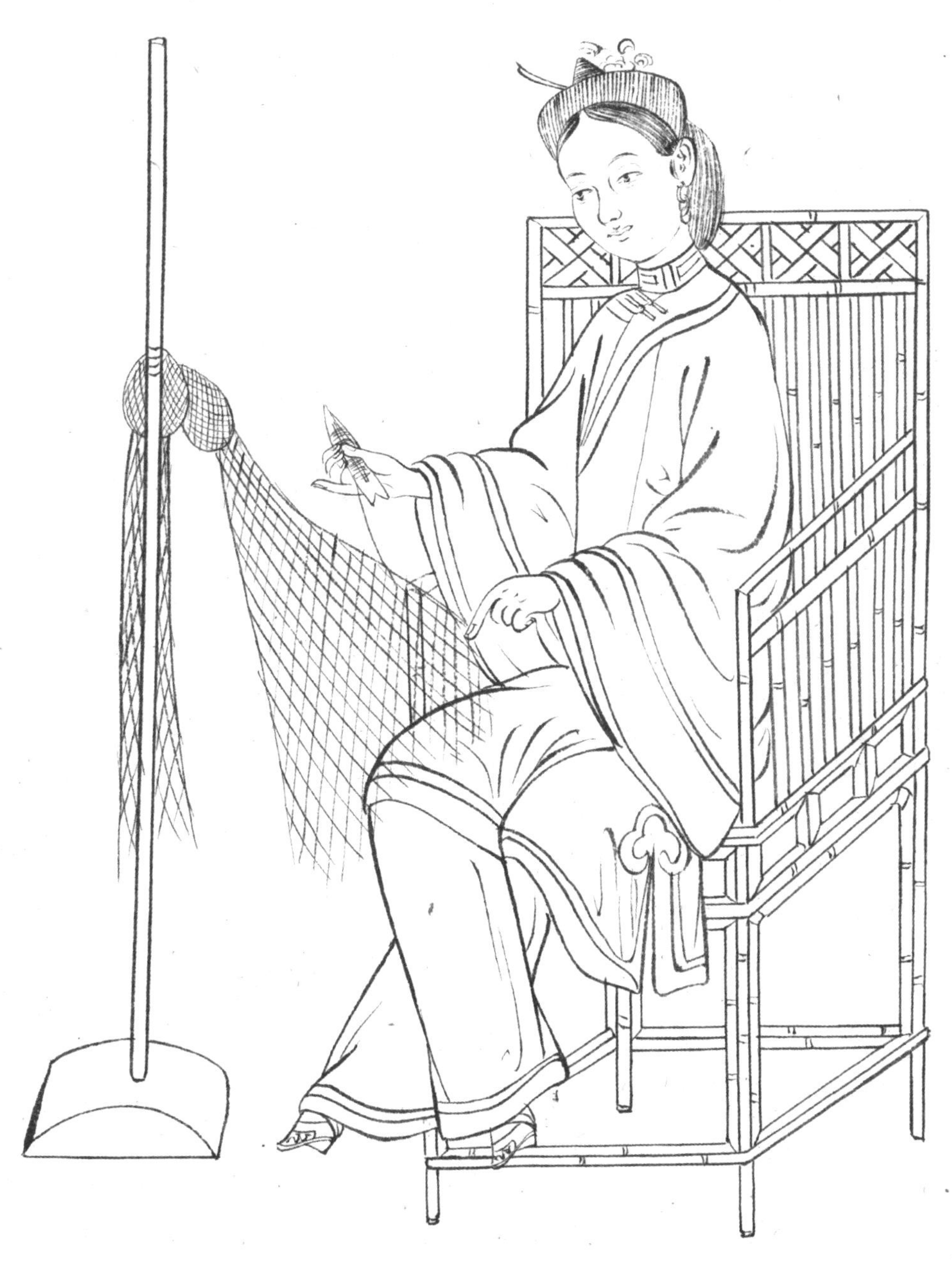

Knitting a fish net

2.28
編織魚網

2.29
洗絲

2.30
繅絲

2.31
繪畫花朵

2.32
裁剪長裙

2.33
繞麻線

2.34
紡棉紗

2.35

梳理麻線

Binding Shoes

2.36
縫布鞋

Budhist Priests begging rice.

2.37

僧侶化緣米糧

2.38

僮僕進入僧侶讀經房

2.39

弟子進行剃度儀式

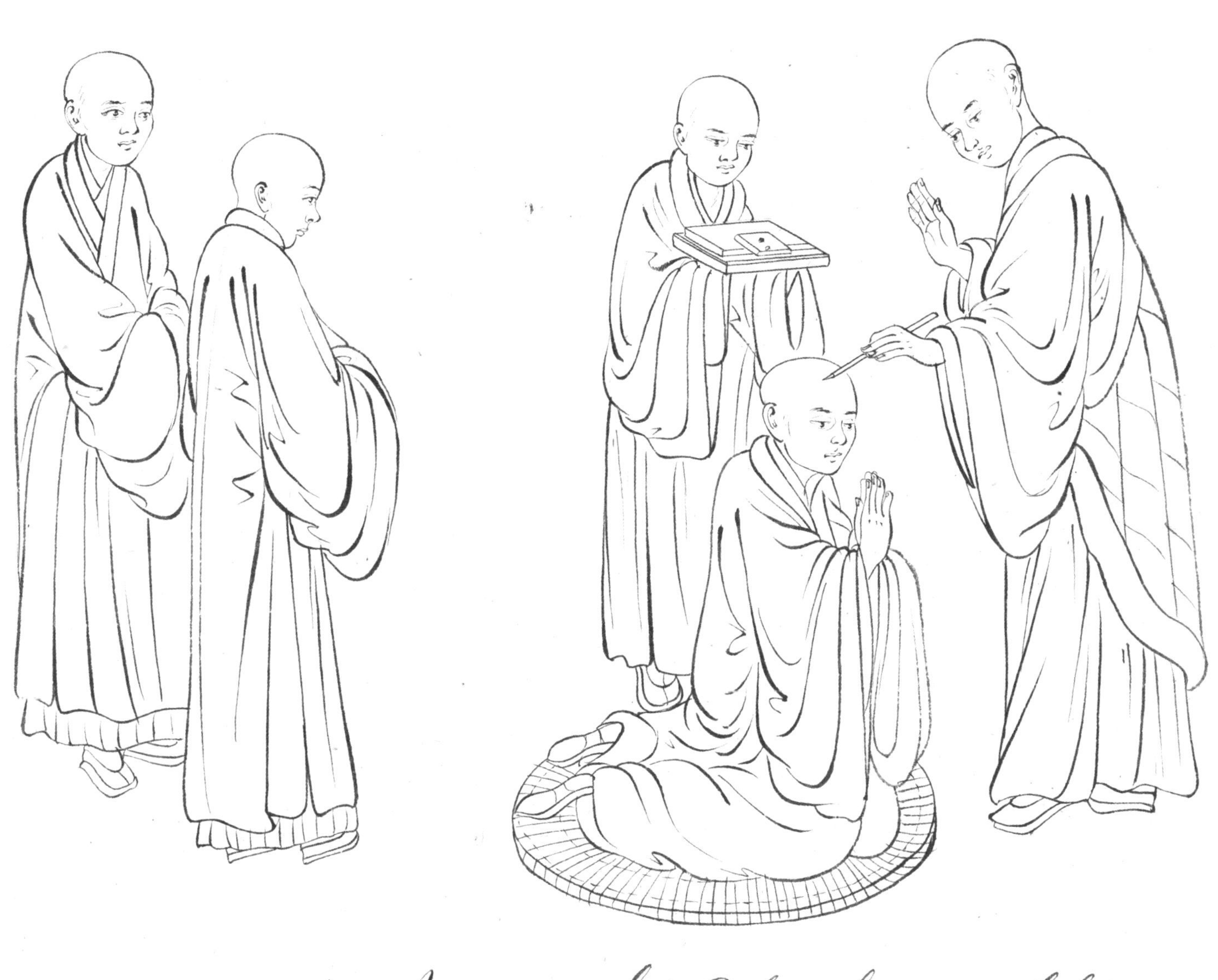

2.40

高僧貴為弟子出家受戒點頭

2.41

僧侶們在街上敲經唸佛

2.42

僧侶們化緣納米

Budhist Priests collecting money for the temple.

2.43

僧侶們募捐籌款建廟宇

2.44

僧侶帶同佛祖像出遊

2.45

僧侶唸經破瓦儀式

2.46

僧人涅槃火化後僧侶誦經儀式

2.47
僧人為出殯孝子念經

2.48
僧人涅槃火化情景

2.49
廣東女士

A Canton young gentleman

2.50

廣東年青紳十

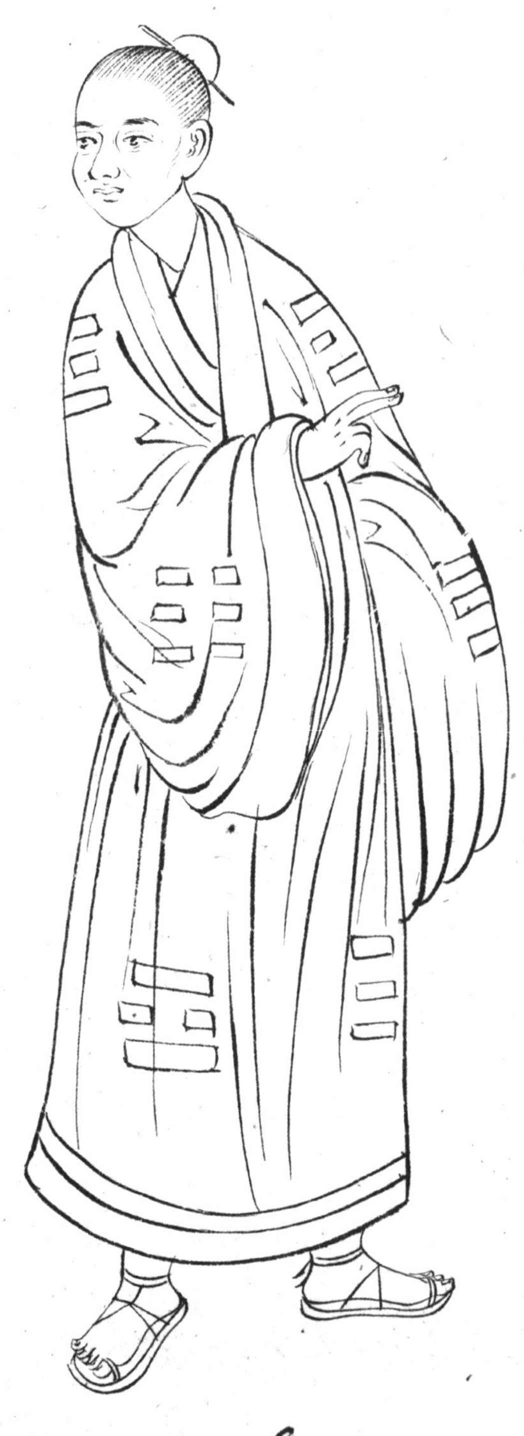

2.51
道教僧侶

Priest of the Taou Sect

A Japanese

2.52
日本人

A Tartar Woman

2.53
滿洲婦女

A Chinaman of Shanting Province

2.54
山東男人

A Tartar woman

2.55
滿洲婦女

A Chinaman of Soochow

2.56
蘇州男人

2.57
廣東鄉下婦人

A Canton Countryman

2.58
廣東鄉下人

Canton Mandarin 6th Rank

2.59
廣東六品文官

Chinese mountaineers.

2.60

中國山村人

2.61

為我準備鴉片煙

2.62

檢驗製作鴉片煙

2.63
巡捕追緝鴉片煙犯人

Whipping a thief through the street

2.64

煙犯遊街示眾

Opium Retail Shop

2.65

鴉片煙售賣店鋪

2.66

盤點購買鴉片煙銀両

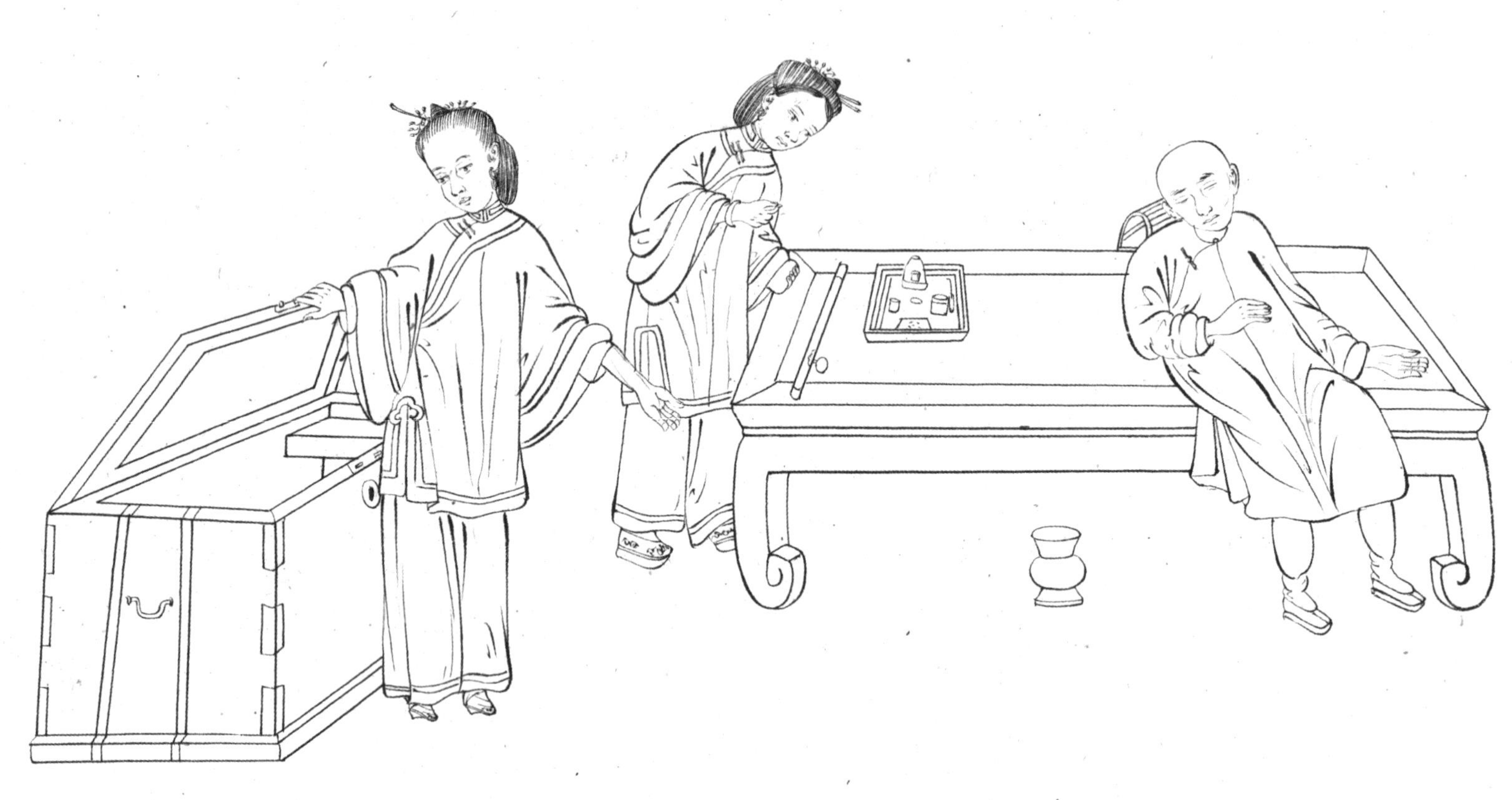

2.67

老煙民花掉所有財富吸食鴉片煙

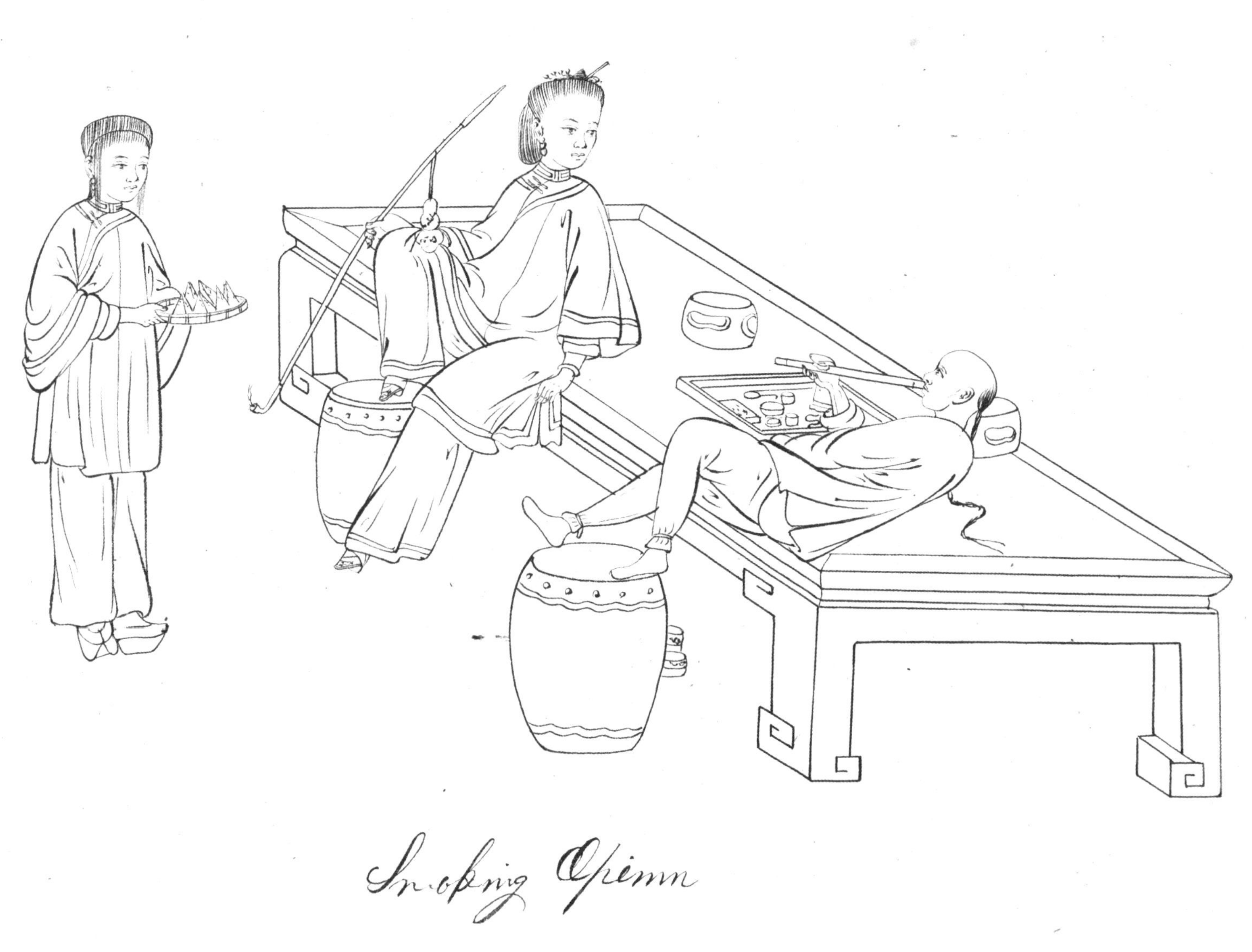

2.68
吸食鴉片煙

Smoking Opium

2.69

吸食鴉片煙

2.70

分鴉片液給一個乞兒

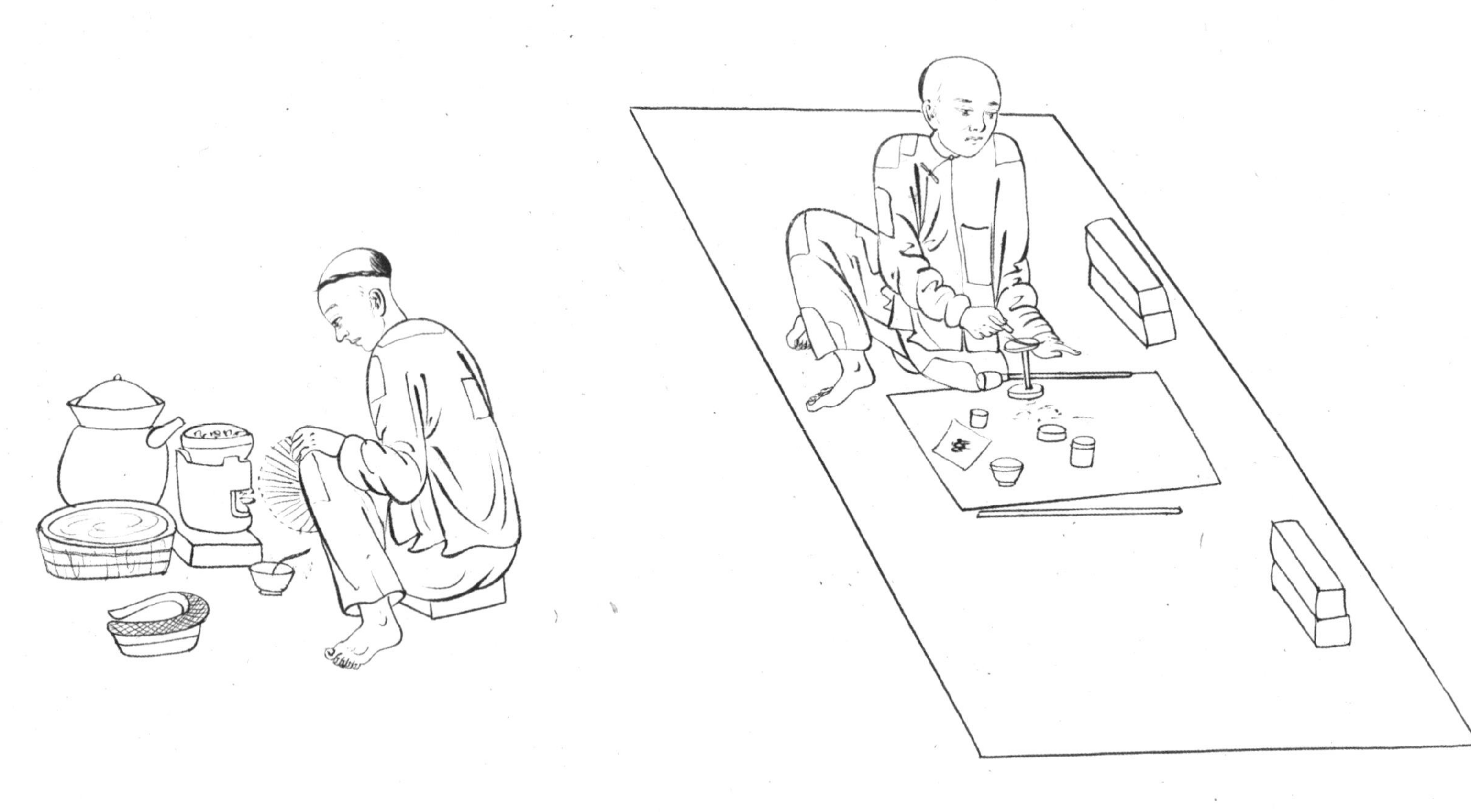

Reduced to poverty by smoking opium

2.71

吸食鴉片煙導致貧窮

2.72
煙民家人反目

2.73
中國皇后

2.74
中國皇帝

Wife of the 1st Rank Mandarin

2.75
正一品官夫人

1st Rank Mandarin

2.76
正一品官

Wife of 2d Rank Mandarin.

2.77
正二品官夫人

2d Rank Mandarin

2.78
正二品官員（資政大夫）

2.79
正三品官夫人（淑人）

Wife of 3d Rank Mandarin.

3d Rank Mandarin

2.80
正三品官員（通議大夫）

2.81
正四品官夫人（恭人）

Wife of 4th Rank Mandarin

4th Rank Mandarin

2.82

正四品官員（中憲大夫）

2.83
正五品官夫人（宜人）

5th Rank Mandarin

2.84
正五品官

2.85
繞棉紗

Patting cotton thread into skeins

2.86

拍打棉線入飛梳

Twisting hemp thread

2.87

繞麻線

2.88

繞絲準備編織

2.89

梳理棉線

2.90

繞絲入梳

2.91

準備編織的棉線

2.92

準備編織的紗線

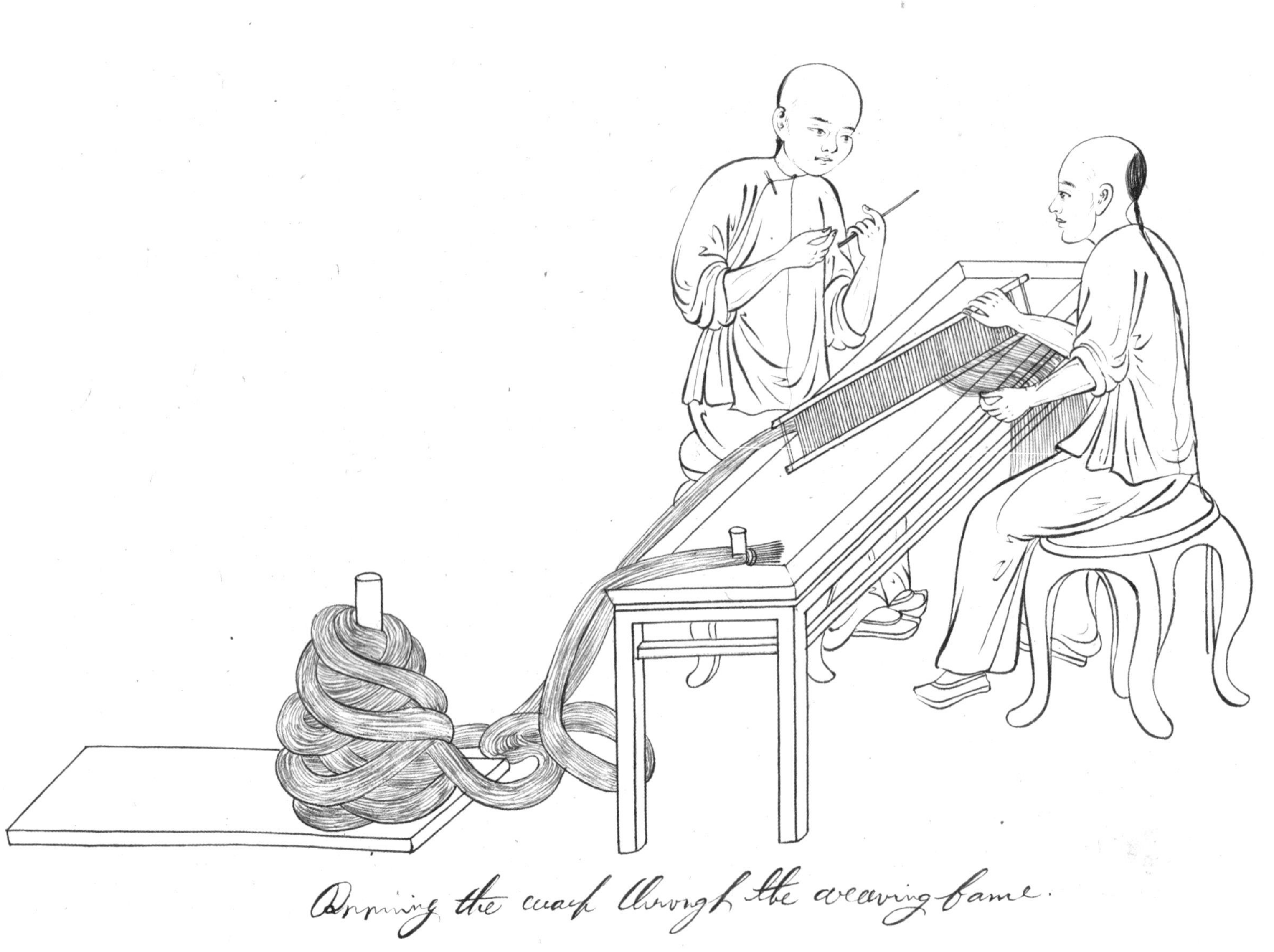

2.93

穿經線排在編織板

2.94
拉直經線準備編織

2.95

彈棉花

2.96
織棉布

A musician

2.97
演奏者

A songstress beating a gong

2.98
歌女打鑼

Beating a scale of ten notes on brass

2.99.
擊打十個小銅鑼

A singer with a brass instrument

2.100
歌女手持小銅鑼

2.101
中式長笛

Chinese Flageolet

2.102

中式吹喇叭

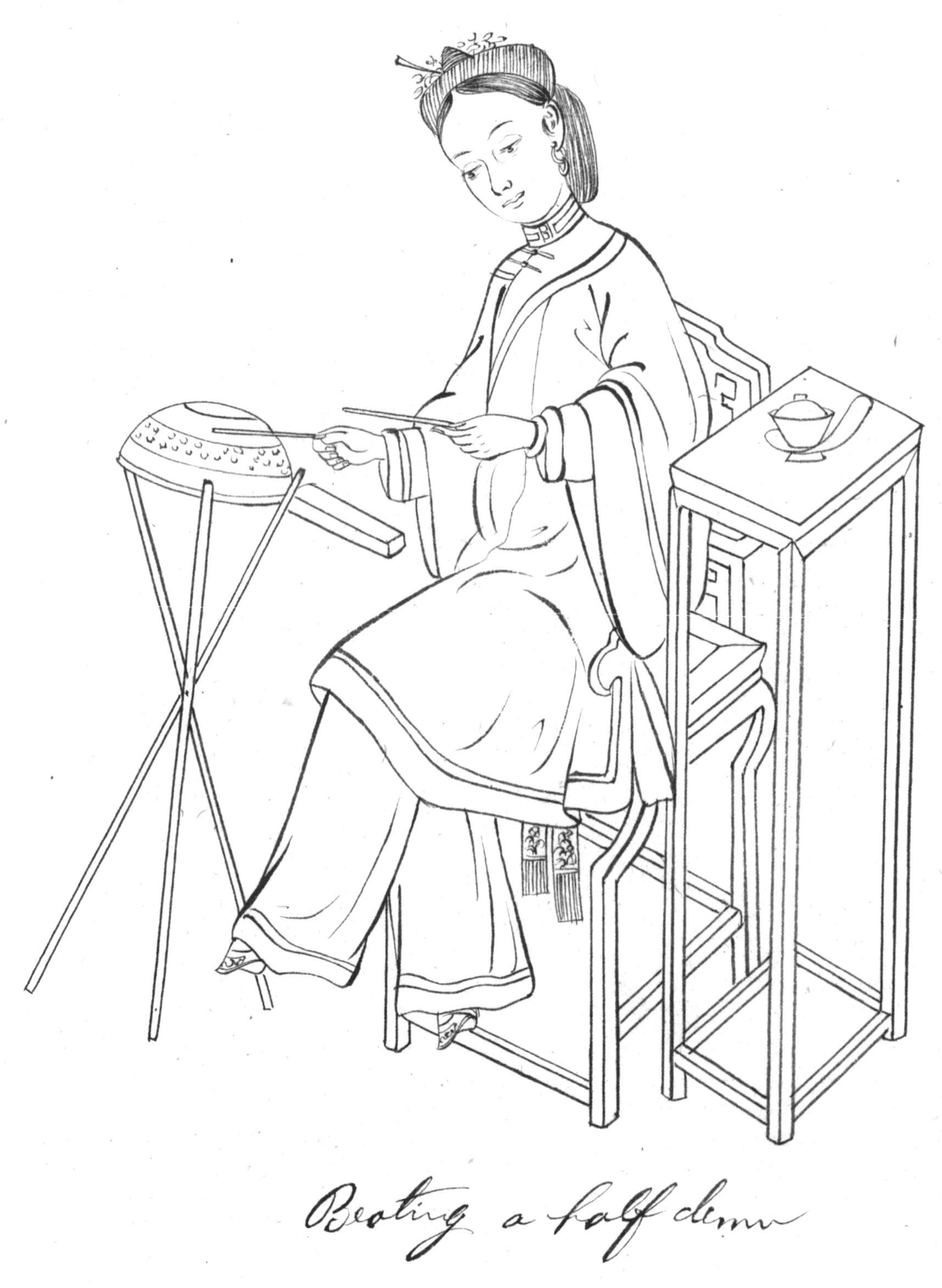

2.103
敲擊半鼓

Playing on a guitar

2.104

彈琵琶

2.105
拉二胡

2.106
吹銅喇叭

2.107
敲擊揚琴

Playing on a harmonicom.

Chinese guitar

2.108
中式琵琶

2.109

雕刻廟宇牌匾

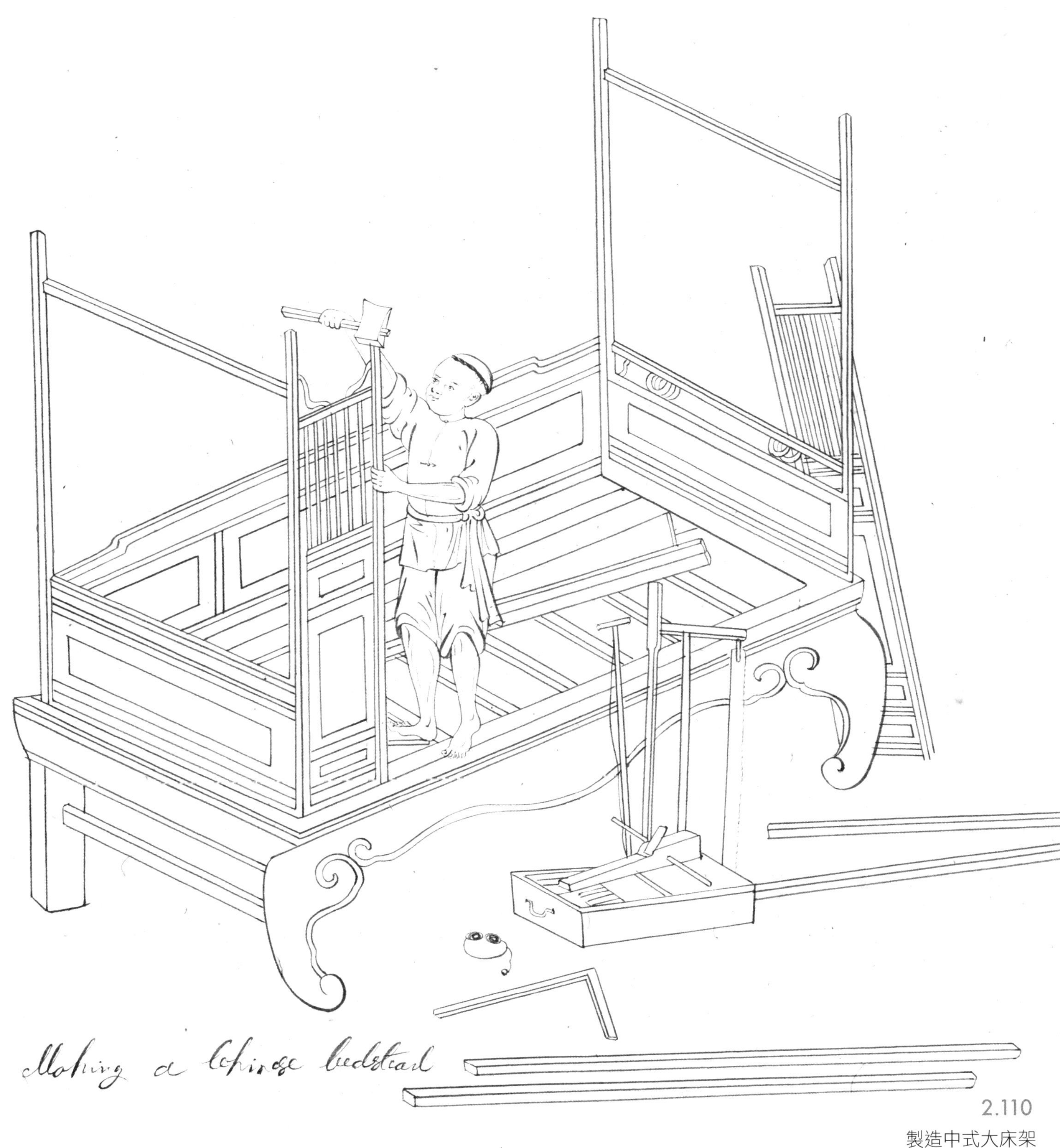

2.110
製造中式大床架

2.111

製造擔挑和水桶

2.112
製造屏風

2.113

製造筷子

2.114

製造貝殼屋頂

2.115

製造家具枱凳

2.116

製造椅子

2.117
製造衣櫃

2.118

製造花邊窗框

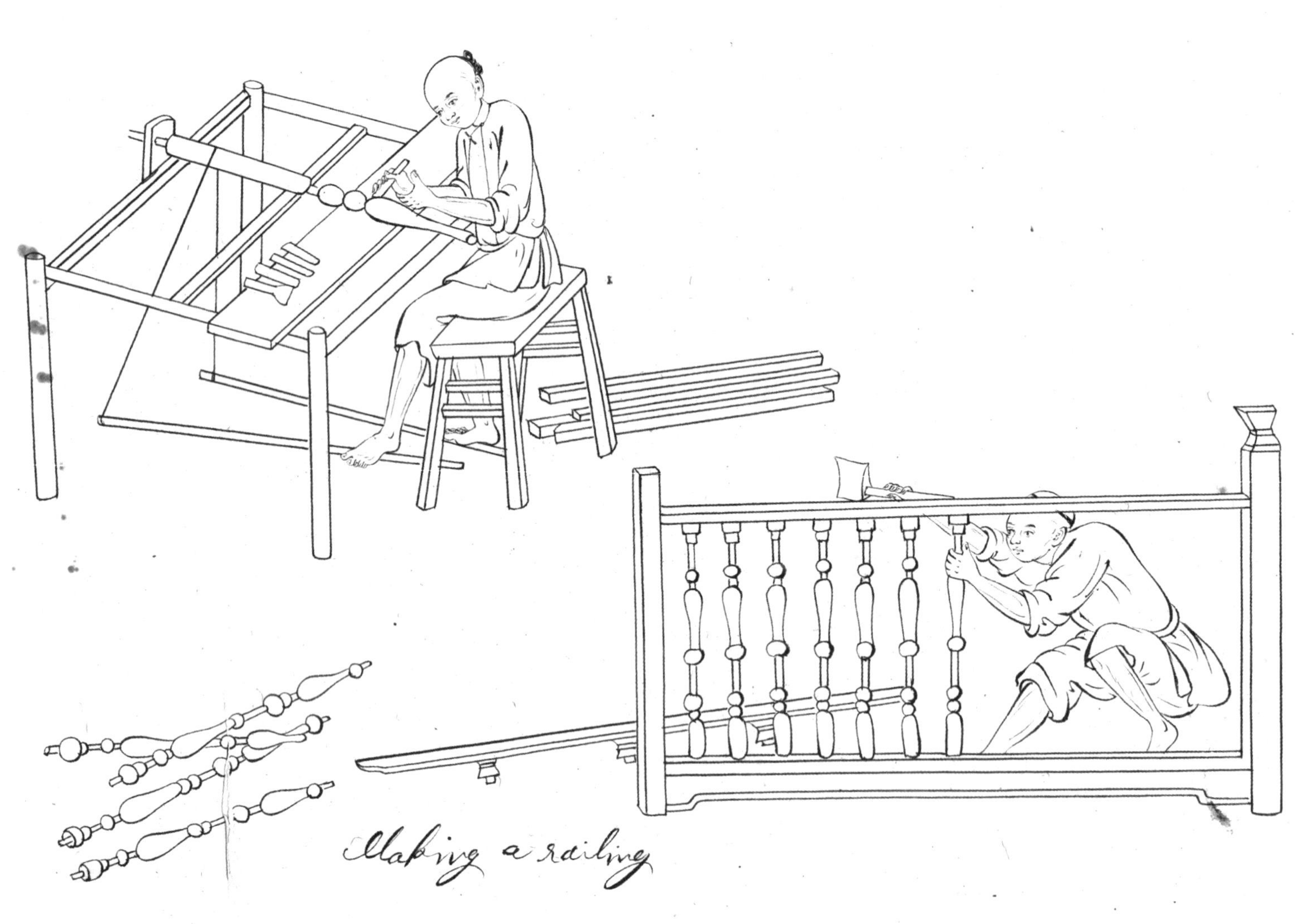

2.119
製造軌道把手

2.120

製造滅火車

第三部分

1894年
周培春彩繪
「中國刑罰」圖冊

此中國販私酒之圖也中國燒酒進
城必須上稅此女子在城外燒焗販
来藏在身邊私携進城被官人拏獲
鎖至衙門從重治罪
周培春畫

3.1

此中國跪鎖之圖也有司問案不能取其寔供以鉄鎖練盤之于地下将犯人之褲摟起露腿令膝盖跪之于鎖練上其犯疼痛無奈以寔供認也

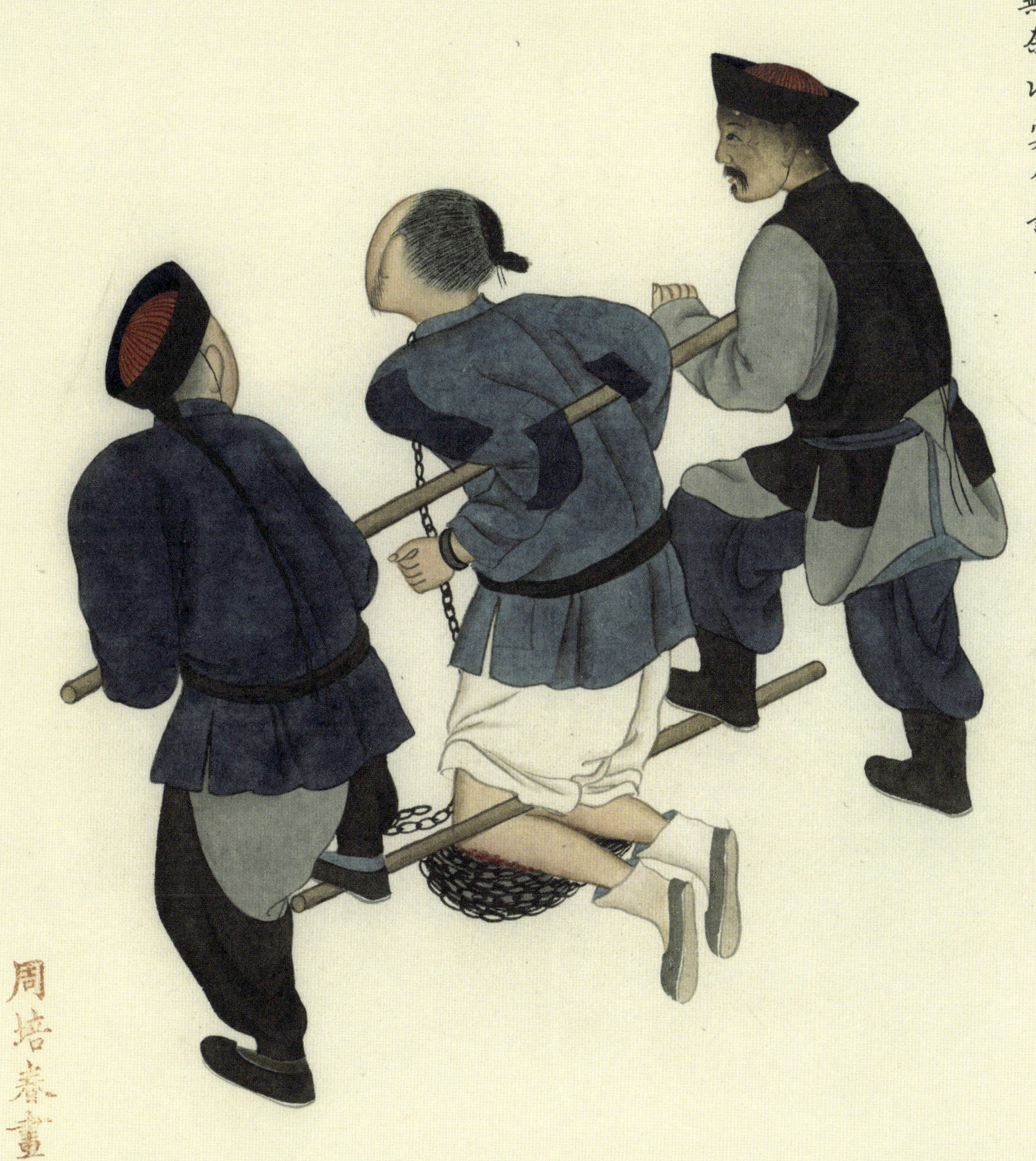

3.2

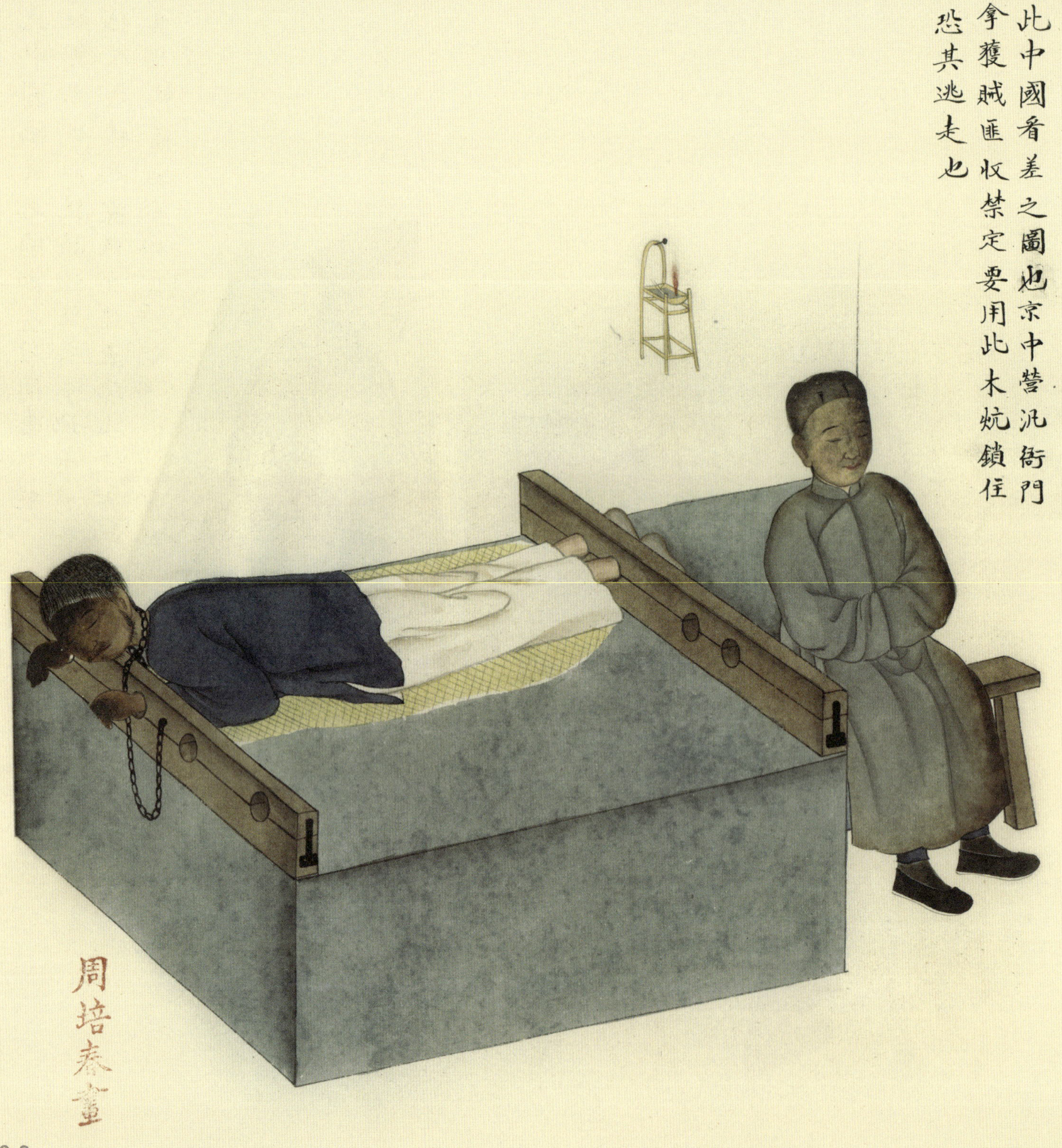

3.3

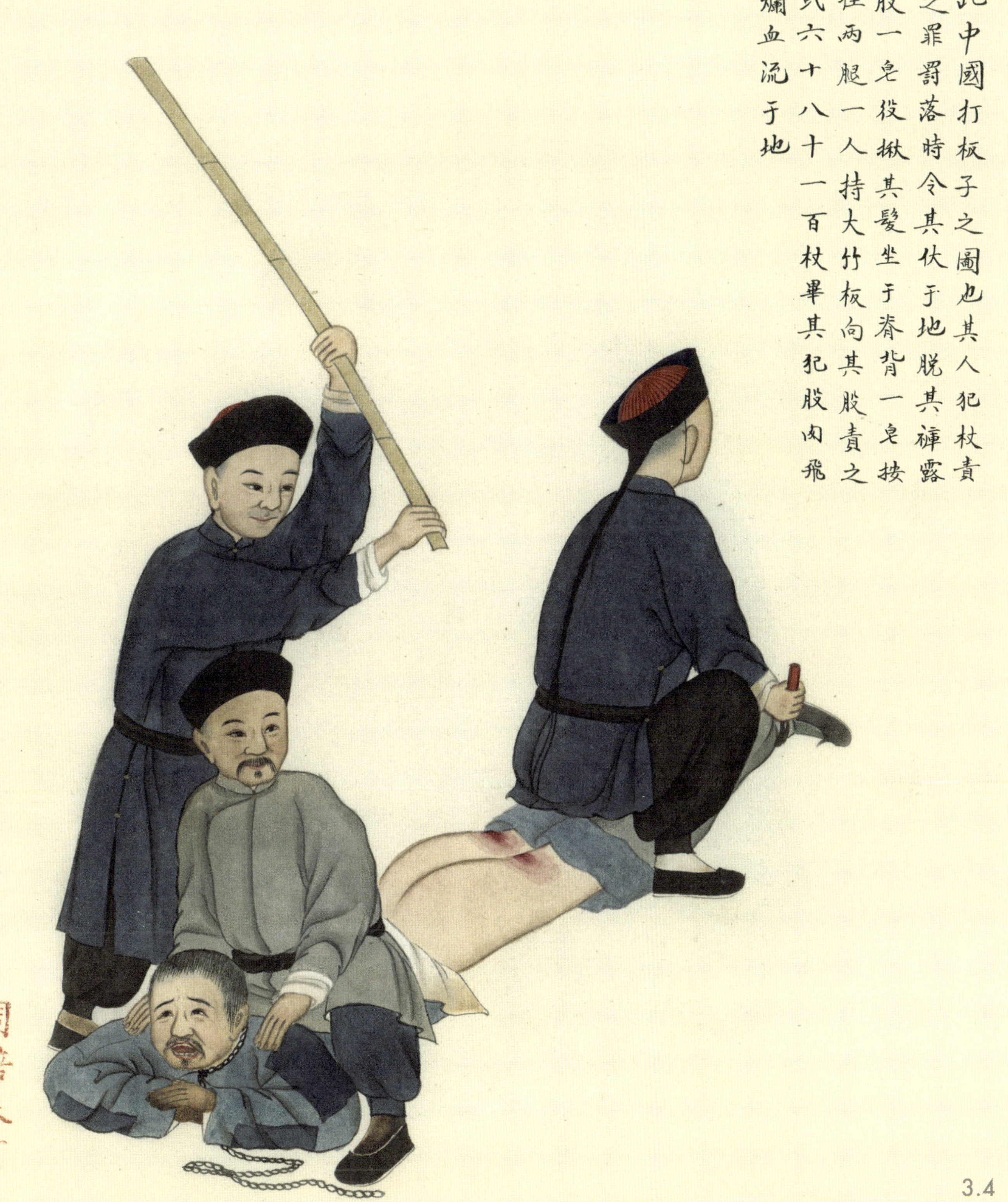
此中國打板子之圖也其人犯杖責
之罪罰落時令其伏于地脱其褲露
股一皂役揪其髮坐于脊背一皂按
住兩腿一人持大竹板向其股責之
弍六十八十一百杖畢其犯股肉飛
爛血流于地
周培春畫

3.4

此中國打嘴吧之圖也凡詞訟或因
口供不符或因言語狡滑須用此刑
一皂役捉其髮辮一皂役以撑責腮
脥一十二十不拘令吐寔供
周培春畫

3.5

3.6

此中國打問板之圖也京中刑部衙
門有此刑法如犯罪之人不說寔供
用此刑法将犯人不住打之則能取
其寔供也
周培春畫

3.7

此中國囚犯之圖也有人以犯王經
官審明輕者枷打重者發落双手代
鉄鋒子脚代木狗子項代鉄鍊收於
獄中等候罰落此自作自受也

周培春畫

3.8

此中國睡編床之圖也京中刑部有
此私刑因犯罪入衙門之時管獄差
人要向犯人使錢用此編床將犯人
編睡花錢若干方能脫刑

3.9

此中國抗鉄鎗之圖也其人被罪定地發遣按站遞解到地土収在縣内每日早晨項帶鉄鎖身抗鉄鎗至集鎮向賣物之人要钱晼上仍歸縣内収禁也

周培春畫

3.10

此中國带石墪之圖也其人犯罪定
地發配某處至配所項代铁鎖下𥑮
石墪每日至集鎮上向行路之人討
要錢度日 弍發三年弍二年半蒲日
釋放也
周培春畫

3.11

3.12

此中國發遣賊犯之圖也其人偷竊被獲送刑部將該犯肘面刺字送府定配發遣按站遞解或軍或流或徒按其罪輕重而定也

周培春畫

3.13

此中國枷號人犯之圖也其犯因犯法律應枷號者枷號街市示衆有一個月者二三個月不等枷滿杖責罰落

周培春畫

3.14

此中國墩籠之圖也其刑京衙門無有不應死罪犯人裝入籠墩死示衆

周培春畫

3.15

此中國跕籠之圖也外省王法於京
中不同有匪徒悪棍不犯斬殺之罪、
將犯人裝入籠內跕死示衆也

周培春畫

3.16

此中國殺人之圖也每斬犯出決日
由刑部提綁至菜市口先到監斬官
点名劊子手将犯人拉過攏開用刀
照準脖項用力一砍人頭即落名曰
出差
周培春畫

3.17

此中國出決之圖也此囚犯勾到之期由刑部挪赴菜市口入棚点名候勾到出決身一招上寫囚犯何事年歲姓名示衆

周培春畫

3.18

此中國絞犯之圖也該犯人律應擬絞之犯刑部押赴菜市口劊子手将人犯脖項用麻繩三紮用木棒繞絞俟氣斷則将木棒捌住三日後准其家屬領屍

周培春畫

3.19

此中國劊子手之圖也充當此差之人乃是姜姓世傳若要出差前三日由刑部傳是在菜市口抱刀伺候

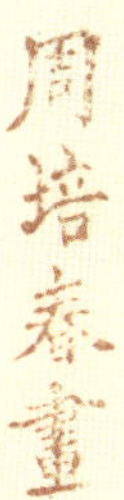

3.20

3.21

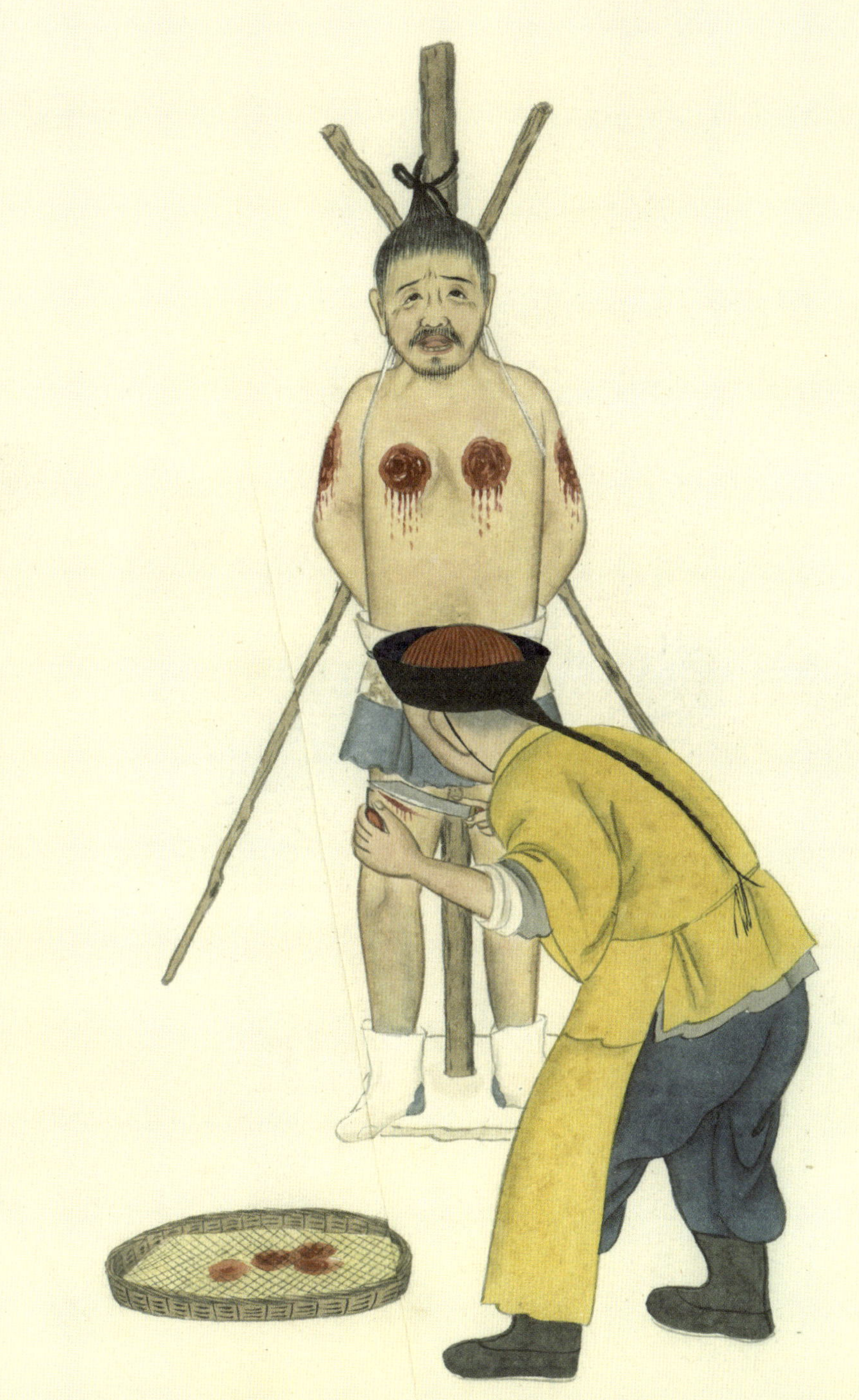

此中國剮人之圖也其人罪犯十大之罪審明雖寔口供不過百日即赴菜市口吊在架上劊子手用刀剮罪人之肉名曰凌遲

周培春畫

3.22

此中國报首級之圖也將斬犯首級
殺下劊子手即提人頭至監斬官棚
前口报首級到書吏回言下去則將
人頭入木籠號令示衆也
周培春畫

3.23

此中國懸竿示衆之圖也在菜市口用三根木架將人犯首裝入木籠挂于架封条上名姓有告示上寫犯人所犯何事梟首示衆也

周培春畫

3.24

索引

第一部分
1850 年林呱畫室香港民生圖冊

索引

第二部分
1844年庭呱畫室圖冊

圖號	標題	圖號	標題
2.1	小孩出世	2.25	梳妝仕女
2.2	乳娘餵哺嬰孩	2.26	繡花仕女
2.3	出生後三天剃頭	2.27	頭帶繡花
2.4	華人書館，男童閱讀課本	2.28	編織魚網
2.5	跪拜祖先	2.29	洗絲
2.6	門生拜謝恩師	2.30	繅絲
2.7	兩位好友拜訪知縣大人	2.31	繪畫花朵
2.8	新娘向父母敬茶	2.32	裁剪長裙
2.9	朝廷大官奉旨回鄉	2.33	繞麻線
2.10	子女向七十大壽父母叩拜問安	2.34	紡棉紗
		2.35	梳理麻線
2.11	父親分家產給子女	2.36	縫布鞋
2.12	父親逝世守孝場景	2.37	僧侶化緣米糧
2.13	中國皇帝（清道光帝）	2.38	僮僕進入僧侶讀經房
2.14	中國皇后（孝慎成皇后）	2.39	弟子進行剃度儀式
2.15	正一品官員（光祿大夫）	2.40	高僧責為弟子出家受戒點頭
2.16	正一品官夫人	2.41	僧侶們在街上敲經唸佛
2.17	正二品官方夫人	2.42	僧侶們化緣納米
2.18	正三品官員（通議大夫）	2.43	僧侶們募捐籌款建廟宇
2.19	正二品官員（資政大夫）	2.44	僧侶帶同佛祖像出遊
2.20	正三品官夫人（淑人）	2.45	僧侶唸經破瓦儀式
2.21	正四品官員（中憲大夫）	2.46	僧人涅槃火化後僧侶誦經儀式
2.22	正四品官夫人（恭人）	2.47	僧人為出殯孝子念經
2.23	正五品武官（武德騎尉）	2.48	僧人涅槃火化情景
2.24	正五品官夫人（宜人）	2.49	廣東女士

香港開港・民生百態

Early Sketches of Chinese in Hong Kong

林準祥　編著
Otto C. C. Lam

手繪圖片來源

林準祥藏手繪歷史圖像。

圖像版權

責任編輯　黎耀強
裝幀設計　陳佩珍
排　　版　陳佩珍
印　　務　劉漢舉

出版
中華書局（香港）有限公司
香港北角英皇道四九九號北角工業大廈一樓 B
電話：（852）2137 2338
傳真：（852）2713 8202
電子郵件：info@chunghwabook.com.hk
網址：http://www.chunghwabook.com.hk

發行
香港聯合書刊物流有限公司
香港新界荃灣德士古道 220-248 號
荃灣工業中心 16 樓
電話：（852）2150 2100
傳真：（852）2407 3062
電子郵件：info@suplogistics.com.hk

印刷
美雅印刷製本有限公司
香港觀塘榮業街六號海濱工業大廈四樓 A 室

版次
2025 年 2 月初版

規格
12 開（240mm × 226mm）

ISBN
ISBN 978-988-8912-63-6